Sous Vide Élégance

La Maîtrise de la Cuisson Sous Vide à la Portée de Tous

Isabelle Dubois

Indice

Bife Traditionnel à Francesa 10
Bife Chipotle Bife Café Esfregar 12
Bife Assado Parfait 14
Lombo de Carne Chili 16
Bife de tamari avec des œufs mexicains 18
Almondegas Mediterraneas Saborosas 20
pimentões recheados 22
Hambúrgueres de carne recheados à la mode française 24
Délicieux Peito de Carne Defumada 26
Salsichas de Carne au ketchup et au dijon et au curry 28
Bife Tri-Tip de Alho et Soja 29
Costelas de carne marinadas ao estilo coreano assadas 30
Tacos de bife au piment des Caraïbes 32
Deliciosas Costelinhas avec Molho Barbecue 34
Lombo de Vaca Molhada 36
Bife de Herby 38
almôndegas de carne com pimentão 40
Jalapeno – Rôti de côtes de tomates 42
Almondegas Gregas avec Molho de Iogurte 43
Lombo Grelhado avec Chili 45
Costelinha Churrasco 47
Bifes do Lombo avec Molho de Creme de Cogumelos 48
Côte de bœuf avec Crosta de Ervas de Aipo 50
Bife de Vaca avec Shalotas et Salsa 52

Churrasco Desfiado 53
Carne Enlatada Simples 54
Lombo de tomate asado sans brouillard 55
Bife do Lombo avec Puré de Nabos 57
Fraldinha avec Tomate Assado 59
Bife de Pera 61
Palette de bovins avec cogumelos 63
Cogumelos Recheados De Tomate 65
Ensopado de viande classique 67
hamburgers de alho 69
ensopado de carne moida 71
Lombo de boi au molho de tomate 73
Carne avec Cebola 75
Costelinha avec Alho 77
Filet de Carne avec Cenoura's Baby 78
Costela de Vaca à Vinho Tinto 80
Carne Pimenta 82
Estrogonofe De Carne 83
Bifinhos de Carne avec Molho Teriyaki et Sementes 85
Fraldinha avec citron et piment 87
Ensopado de viande et de légumineuses 89
Steak Picante 91
Pain de viande du Worcestershire 92
Steak Embriagado 94
Rolo de bife de queijo délicieux 95
Poitrine de miel et de Dijon 97
Ensopado de Ribeye avec Alecrim 99

Divino Lombo avec Purê de Batata Doce 101
Torta de Carne avec Cogumelos 102
Hamburgueres de Queijo Classicos 104
Macarrão Rib Eye au Couve-Flor 105
Tacos au faux-filet au Kimchi avec Abacate 107
Lombo facile à préparer avec du lait de piment de Cayenne 109
lit avec tout le monde 111
Vitella Crémosa Marsala 113
Costeletas de Vitela et Cogumelos au Vinho Branco 115
Refogado de Brocolis Lumière 117
Goulasch de chou au pimentão 118
Pilaf de arroz et alho-poró avec nez 120
Bandeja de Tangerina et Feijão Verde avec Avelãs 122
Crème de Ervilha Doce Noz moscada 124
Miso de abobrinha à la pâte de sésame 126
Cenoura Agave Amanteigada 128
Alcachofras Amanteigadas com Limão e Alho 129
Tofu De Tomate Et Agave 131
Cebola Grelhada au Pesto de Girassol 132
Prato De Beterraba Doce 134
Grãos de Queijo Provolone 136
Funcho em conserva sem estão com limão 138
Rabe de Brocoli Simples 139
Batatas truffadas com alho 140
Jardin Picante Caseiro 141
Tomates picantes saborosos 143
Molho Alfredo de Legumes Fácil 144

Adorable Ensopado de Feijão et Cenoura 146
Salade facile de Dois Feijões 148
Delicioso Ensopado Vegano avec Cannellini Feijão 150
Cenouras em conserva vitrificadas 152
Tofu délicieux avec Molho Sriracha 154
Salade de roquette avec queijo et beterraba 156
Molho de Feijão Neve com Alho 157
Feijão preto picante 158
Herby Cogumelos Balsâmicos avec Alho 159
Purê de Batata Crocante avec Alho 160
Mistura de vegetais de raiz 161
Prato Tailandês De Abóbora 163
Pepinos em conserva 165
Purée De Batata De Coco 167
Repolho amanteigado tentador 168
Doces Daikon Rabanetes avec Alecrim 169
Couve Chalota com 170
Feijao misto em molho de tomate 171
Chili Ensopado de Grão-de-bico 172
Crème brûlée de fruits Frescas 174
pudim de baunilha 176
Moka Mini Brownies dans un pot 178
Crème De Banane Facile 180
Cheesecake Doce De Leite 182
Mel e Damascos Cítricos 184
Pots du Créme à l'Orange avec Chocolat 185
Limão-Salvia Damasco 187

Pudim de chocolat 188
Torta de maçã 189
Biscoitos au chocolat sans sucre 191
Sorvete de Baunilha 193
Pudim de café de manhía light com requeijão 194
Cupcakes au chocolat sous vide 196
Pudim de arroz avec rhum et canneberges 198
Pudim de pão 199
Charbon de citron 201
Sobremesa com uma crosta de acucar queimado por um maçarico
.... 202
Muffins de Limao 203
Mousse à la framboise 205
Maçãs doces recheadas com passas 206
sapateiro de Apple 207
Mini pots de cheesecake de morango 208
Peras poachadas com vinho e canela 209
Farinha de Aveia de Coco e Amêndoa 210
Mingau De Trigo Sarraceno De Banane 211
Farinha de l'avenue basique du zéro 212
Petits bolos de queijo 213
Pão amanteigado de café 214
Muffins De Cenoura 215
cerejas au rhum 217
Yaourt de Pêssego et Amêndoa 218
Tarte De Amêndoa Nectarina 219
Pudim de Arroz avec des modifications au style asiatique 221

Bife Traditionnel à Francesa

Temps de préparation + cuisson : 2 heures 25 minutes | Portions : 5

Ingrédients

4 cuillères à soupe de beurre
2 kilos de bife do lombo
Sal e pimenta preta a gosto
1 échalote picada
2 ramos de salvia fraîche
1 fresque de raminho de Alecrim

instructions

Préparez un banho-maria et du coloke ou sous vide nele. Définir le paragraphe 134 F.

Derreta 2 colheres de sopa de manteiga em uma panela grande de ferro fundido em fogo alto. Placez le steak de surlonge au réfrigérateur et scellez chaque côté pendant 30 à 45 secondes. Réservez une viande. Ajoutez une échalote, une salvia et de l'alecrim. Junte a manteiga e as ervas. Cuire environ 1 à 2 minutes jusqu'à ce qu'il soit vert vif et tendre.

Deslize o bife do lombo para un saco a vacuo, addonando ervas préalablement misturadas et feche o saco en utilisant la méthode de délocalisation de l'eau. Cozinhe por 2 heures.

Ensuite, retirez la viande et jetez le liquide de cuisson. Placer le steak de longe sur une assiette recouverte de papel toalha ou d'uma assadeira.

Faites bouillir un panneau de fonte à feu vif et ajoutez 2 cuillères à soupe de sopa de manteiga. Quando a manteiga startar a chiar, retorne o bife e sele por 2 minutos dos dois lados. Éteignez le feu et laissez reposer le steak de longe pendant environ 5 minutes. Por fim, corte em pedachos pequenos. Melhor servido com légumineuses et batatas.

Bife Chipotle Bife Café Esfregar

Temps de préparation + cuisson : 1 heure 55 minutes | Portions : 4

Ingrédients

1 cuillère à soupe d'huile d'olive

2 colheres de sopa de manteiga

1 cuillerée de sucre

Sal e pimenta preta a gosto

1 colher de soupe de borra de café

1 tasse de soupe de tout ce qui est dans le pot

1 tasse de soupe de cebola en pó

1 cuillère à soupe de soupe au chipotle en pó

4 bifes de tira

instructions

Préparez un banho-maria et du coloke ou sous vide nele. Ajuster à 130 F. Mélanger le mascavo, le sel, le piment, la tasse de café, le cebola, le jus de pomme et le paprika dans une petite tige. Déposez au préalable les steaks sur la surface avec un pinceau et une fine couche d'huile d'olive. Placez les bifes dans les sacs séparés sous vide. Ensuite, allez chercher vos sacs en utilisant la méthode de déplacement de l'eau. Placer au bain-marie et cuire 1 heure et 30 minutes.

Ensuite, retirez les bifes et jetez le liquide. Coloque os bifes em um prato forrado com papel toalha or assadeira. Ajoutez un panneau de fer placé dans le brouillard haut et ajoutez une couche. Lorsque le beurre commence à chauffer, placez à nouveau la longe au réfrigérateur et scellez-la 1 minute des deux côtés. Deixe esfriar por 2-3 minutos e fatie para servir.

Bife Assado Parfait

Temps de préparation + cuisson : 20 heures 20 minutes | Portions : 4

Ingrédients

4 tasses de soupe à l'huile de sésame
4 bifes de acém macios
1 colher de alho em pó
1 colher de cebola em pó
1 cuillère à café de salsa sèche
Sal e pimenta preta a gosto

instructions

Préparez un banho-maria et du coloke ou sous vide nele. Définir le paragraphe 130 F.

Versez l'huile d'olive dans un réfrigérateur dans le brouillard haut et sélectionnez les bifes pendant 1 minute de chaque fois. Réservez et deixe esfriar. Mélangez ce qui est dans le pó, cebola dans le pó, la salsa, le sal et le pimenta.

Esfregue os bifes com a mistura et coloke em un saco fechado a vacuo. Solte ou ar pelo método de deslocamento de agua, feche e merguhe o saco no banho-maria. Cozinhe pendant 20 heures. Assim que le chronomètre parar, retire les bifes et seque com papel toalha. Descartes os sucos do cozimento.

Lombo de Carne Chili

Temps de préparation + cuisson : 3 heures 20 minutes | Portions : 4

Ingrédients

2 colheres de soupe de ghee

2 ¼ livres de lombo de vaca

Sal e pimenta preta a gosto

1 cuillère à soupe d'huile de piment

2 colheres de cha de tomilho seco

1 colher de alho em pó

½ colher de soupe de cebola em pó

½ cuillère à café de poivre de Cayenne

instructions

Préparez un banho-maria et du coloke ou sous vide nele. Ajustez à 134 F. Tempère le lombo avec du sel et du piment. Combinez l'huile de piment, le tomilho, alho em pó, cebola em pó et le piment de Cayenne. Pincez la brume sur le lombo. Placez le lombo dans un sac mis sous vide. Solte ou ar pelo método de deslocamento de agua, feche e merguhe o saco no banho-maria. Cozinhe por 3 heures.

Alors que le chronomètre parar, retirez le lombo et continuez avec un panorama de prato. Versez le ghee dans une réfrigérateur dans le brouillard haut et sélectionnez le lombo pendant 45 secondes à chaque fois. Séparez et lancez l'analyse pendant 5 minutes. Corte et Sirva.

Bife de tamari avec des œufs mexicains

Temps de préparation + cuisson : 1 heure 55 minutes | Portions : 4

Ingrédients

¼ tasse de lait
1 tasse de sauce tamari
½ tasse de mascavo sucré
⅓ tasse d'huile d'olive
4 dents de alho, hachées
1 colher de cebola em pó
Sal e pimenta preta a gosto
2 ½ livres de fraldinha
4 œufs

instructions

Préparez un banho-maria et du coloke ou sous vide nele. Ajuster à 130 F. Mélanger le molho Tamari, açúcar mascavo, azeite, cebola em pó, alho, sal marinho e pimenta. Placez le bife dans un sac mis sous vide avec une brume. Solte ou ar pelo método de deslocamento de agua, feche e merguhe o saco no banho-maria. Cuire 1 heure et 30 minutes.

Em uma tigela, misture os ovos, o leite eo sal. Mélanger. Incorporer les œufs au réfrigérateur à feu moyen. Deixou de lado. Assim que le chronomètre parar, retire le bife et seque-o. Aqueça uma frigideira em fogo alto e sele o bife por 30 segundos de cada lado. Corte em tiras minuscules. Servir avec des œufs mexicains.

Almondegas Mediterraneas Saborosas

Temps de préparation + cuisson : 1 heure 55 minutes | Portions : 4

Ingrédients

1 livre de viande hachée

½ tasse de migalhas de pão

¼ tasse de lait

1 œuf, batido

2 cuillerées de soupe manjericão fraîche hachée

1 dent de alho, picado

1 cuillère à soupe de sel

½ cuillerée de thé manjericão sec

1 tasse de soupe à l'huile de sésame

instructions

Préparez un banho-maria et du coloke ou sous vide nele. Ajuster à 141 F. Mélanger la viande, les migales de pão, leite, ovo, manjericão, alho, sal et manjericão et mouler dans 14-16 heures. Placer 6 amandes dans chaque sachet thermoscellable. Libérez ou utilisez la méthode de délocalisation de l'eau, récupérez et transférez les sacs dans la banho-maria. Cuisson pendant 90 minutes. Aqueça o oleo em uma frigideira em fogo médio. Pendant que le chronomètre s'allume, retirez-vous au réfrigérateur et transférez-le au réfrigérateur et sélectionnez-le pendant 4 à 5 minutes. Descartes os sucos do cozimento. Sert.

pimentões recheados

Temps de préparation + cuisson : 2 heures 35 minutes | Portions : 6

Ingrédients:

6 piments de tanamo médio
1 livre de viande moída maigre
1 oignon de taille moyenne, finement haché
1 tomate de taille moyenne, hachée
½ cuillère à café de poivre de Cayenne moulu
3 colheres de sopa de azeite extra vierge
Sal e pimenta preta a gosto

Instructions:

Préparez un banho-maria, du coloke ou du sous vide et ajustez-le à 180 F. Mettez le pont sur la tête de chaque piment et retirez-le comme des graines. Enxágüe e reserve.

Dans une tigela grande, mélangez de la viande fraîche, de la cebola, de la tomate, du piment caiena, de l'azéite ou du sel et du piment. Placez le mélange de pimentas carne nas.

Déposez délicatement 1 ou 2 piments dans chaque sachet, passez l'aspirateur et aspirez le sachet. Mélangez les aliments dans la banho-maria et cozinhe pendant 1 heure et 20 minutes. Pendant que le chronomètre s'allume, retirez les sacs, ouvrez et réfrigérez pendant environ 10 minutes avant de servir.

Hambúrgueres de carne recheados à la mode française

Temps de préparation + cozimento : 50 minutes | Portions : 5

Ingrédients

1 oeuf
1 livre de viande hachée
3 oignons verts, picadas
2 cuillères à soupe de sauce Worcestershire
2 colheres de soupe de molho de soja
Sal e pimenta preta a gosto
5 tranches de camembert
5 pains à hamburger
folhas de alface americana
5 rouleaux de tomate

instructions

Préparez un banho-maria et du coloke ou sous vide nele. Ajuster à 134 F. Mélanger la viande, la viande, l'œuf et le lait de soja avec de la pâte et de la température avec du sel et du piment. Modèle de préparation pour 8 hamburgers. Placez 1 tranche de cheddar au centre de chaque hamburger et placez un autre hamburger sur le cheddar. Combinez-les pour créer une entreprise unique.

Placez les hamburgers de queijo dans quatre sacs seláveis sous vide. Libérez ou utilisez la méthode de délocalisation de l'eau, récupérez et transférez les sacs dans la banho-maria. Cuire 30 minutes.

Alors que le chronomètre parar, retirez les hambúrgueres et continuez avec un panorama de prato. Descartes os sucos do cozimento. Faites couler une réfrigérateur dans le brouillard haut et sélectionnez les hambúrgueres pendant 1 minute de chaque semaine. Placez les hamburgers sur le pain grillé. Cubra avec alface et tomate.

Délicieux Peito de Carne Defumada

Temps de préparation + cuisson : 33 heures 50 minutes | Portions : 8)

Ingrédients

¼ colher de cha de fumaça liquida de nogueira

8 cuillères à soupe de farine

Sal e pimenta preta a gosto

1 colher de cha de pimenta dans pó

1 cuillère à café de salsa sèche

1 colher de alho em pó

1 colher de cebola em pó

½ cuillère à café de cumin moulu

4 kilos de peito de boi

instructions

Préparez un banho-maria et du coloke ou sous vide nele. Définir le paragraphe 156 F.

Mélanger la farine, le sel, le piment, le piment dans le pó, la salsa, le cebola et tout ce qui est dans le pó et le cominho. Réservez 1/4 du mélange. Pincele o peito com a mistura.

Placez votre poitrine dans un grand sac qui peut être scellé sous vide avec de la fumée liquide. Solte ou ar pelo método de deslocamento de agua, feche e merguhe o saco no banho-maria. Cozinhe por 30 heures. Assurez-vous que le chronomètre apparaisse, retirez le sac et le deixe esfriar pendant 1 heure.

Pré-aqueça ou forno à 300 F.

Séchez le papier de cuisson ou le petit-déjeuner et le pinceau avec le gâteau réservé. Descartes os sucos do cozimento. Transférez le magret sur une plaque à pâtisserie, laissez-le au four pendant 2 heures.

Terminé le rythme, retirer le petit et couvrir le papier d'aluminium pendant 40 minutes. Servir avec du feijão cozido, du pão fresco et du manteiga.

Salsichas de Carne au ketchup et au dijon et au curry

Temps de préparation + cuisson : 1 heure 45 minutes | Portions : 4

Ingrédients

½ tasse de moutarde de Dijon
4 salsichas de viande
½ tasse de ketchup au curry

instructions

Préparez un banho-maria et du coloke ou sous vide nele. Définir le paragraphe 134 F.

Placez les langues dans un sac sous vide scellé. Solte ou ar pelo método de deslocamento de agua, feche e merguhe o saco no banho-maria. Cuisson pendant 90 minutes. Alors que le chronomètre parar, se retire en tant que langues et transfira pour un grelha dans le brouillard haut. Laissez cuire pendant 1 à 3 minutes jusqu'à ce que les marques de grelha apparaissent. Servir avec le ketchup de mostarda et le curry.

Bife Tri-Tip de Alho et Soja

Temps de préparation + cuisson : 2 heures 5 minutes | Portions : 2

Ingrédients:

1 ½ lb de bife tri-tip

Sal e pimenta preta a gosto

2 colheres de soupe de molho de soja

6 dentes de alho, pré-torrados et amassados

Instructions:

Faça un banho-maria, coleco ou Sous Vide nele et coleco a 130 F. Tempere o bife com pimenta et sale e coleco-o em un saco lacrado a vide. Ajouter la sauce soja. Libérez ou utilisez la méthode de déplacement de l'eau et sélectionnez le sac. Mélangez sans banho-maria et ajustez la minuterie pour 2 heures.

Lorsque le chronomètre apparaît, retirez et ouvrez le sac. Ajoutez un panneau de fer placé dans le brouillard haut, collez le bife et sélectionnez-le pendant 2 minutes chaque minute. Fatie et Sirva dans une salade.

Costelas de carne marinadas ao estilo coreano assadas

Temps de préparation + cuisson : 5 heures 20 minutes | Portions : 5

Ingrédients

2 cuillères à soupe d'huile de canola
3 kilos de côtes de bovin
Sal e pimenta preta a gosto
½ tasse de sucre
½ tasse de sauce soja
¼ tasse de vinaigre de maçã
¼ tasse de jus d'orange
2 tasses de soupe au picado
1 colher de cha de flocons de pimenta vermelha
¼ tasse de ciboulette hachée
¼ tasse de graines de sésame

instructions

Préparez un banho-maria et du coloke ou sous vide nele. Ajustez pour 141 F Tempere as costelas com sale e pimenta. Mélanger l'açúcar mascavo, le molho de soja, le vinaigre, le suco de laranja, l'huile de canola, l'alho et les flocons de piment vermelha. Placer les côtes dans deux sacs sous vide avec du molho de laranja. Libérez ou utilisez la méthode de déplacement de l'eau. Vivez au réfrigérateur pendant 2 heures. Chercher et fusionner les sacs dans un banho-maria. Cozinhe por 3 heures.

Tacos de bife au piment des Caraïbes

Pronto em environ 2 heures et 10 minutes | Portions : 4

Ingrédients

1 cuillère à soupe d'huile de canola

2 livres de fraldinha

Sal e pimenta preta a gosto

1 colher de alho em pó

2 c. de chá de sumo de lima

râper 1 citron vert

Râper et râper 1 orange

1 colher de cha de flocons de pimenta vermelha

1 dent de alho, picado

1 cuillère à soupe de soupe de manteiga

12 tortillas de millet

1 tête de chou rouge tranchée

Pico de Gallo, paire pour servir

Crème de Leite, portion par paire

4 piments serrano, fatiadas

instructions

Préparez un banho-maria et du coloke ou sous vide nele. Ajustez à 130 F. Tempérez le bifteck avec du sel, du piment et tout ce qui est dans la poêle. Mélanger le jus et le zeste de citron, le jus et le zeste d'orange, les flocons de pimenta vermelha et l'ail. Placer le bœuf et le molho dans un sac sous vide. Libérez ou utilisez la méthode de déplacement de l'eau. Vivez au réfrigérateur pendant 30 minutes. Feche e merguhe no banho-maria. Cuisson pendant 90 minutes.

Assim que le chronomètre parar, retire la bife et seque com papel de cozinha. Versez l'huile sur le réfrigérateur dans le brouillard haut et sélectionnez-la pendant 1 minute. Corte o bife em fatias. Prenez une tortilla avec du bife. Décorer avec du repolho, du pico de gallo, de la crème azedo et du serrano.

Deliciosas Costelinhas avec Molho Barbecue

Temps de préparation + cuisson : 12 heures 15 minutes | Portions : 6

Ingrédients

2 colheres de sopa de manteiga

1 ½ livres de costelas de vaca

Sal e pimenta preta a gosto

3 colheres de soupe à l'huile de gergelim torrado

1 ½ tasse de sauce barbecue

10 dents de tout amassé

3 colhéres de soupe de vinaigre de champagne

2 colheres de sopa de gengibre fresco hachées

⅛ tasse de ciboulette hachée

⅛ tasse de graines de gergelim

instructions

Préparez un banho-maria et du coloke ou sous vide nele. Ajuster pour 186 F. Tempere as costelas com sal e pimenta. Versez l'huile d'olive dans un réfrigérateur dans un endroit haut et sélectionnez-la pendant 1 minute à chaque fois. Mélangez le molho barbecue, l'alho, le vinaigre et le gingembre. Disposer trois côtes levées dans chaque sachet laqué sous vide avec la sauce barbecue. Solte ou ar pelo método de deslocamento de agua, feche e merguhe o saco no banho-maria. Cozinhe por 12 heures.

Assim que o cronômetro parar, se retirer comme costelas e seque com papel de cozinha. Ajoutez un panneau dans le brouillard moyen et retirez les sucs du cozimento. Cuire pendant 4 à 5 minutes jusqu'à ce qu'il soit collant. Aqueça a manteiga em a frigideira in fogo alto e sele as costelas por 1 minuto de chaque lado. Cubra com o molho barbecue. Décorez avec cebolinha et les éléments de gergelim.

Lombo de Vaca Molhada

Temps de préparation + cuisson : 1 heure 50 minutes | Portions : 6

Ingrédients

2 tasses de soupe d'azéite

3 livres de lombo de vaca, cortado em tiras

Sal e pimenta preta a gosto

2 tasses de soupe de vinaigre de vinho blanc

½ colher de sopa de suco de limeo espremido na hora

1 collier de cha de pimenta de Jamaïque

½ colher de sopa de alho em pó

1 oignon, haché

1 tomate, coupée en dés

2 dents d'alho, hachées

2 colheres de soupe de molho de soja

4 tasses de quinoa cozida

instructions

Préparez un banho-maria et du coloke ou sous vide nele. Ajustez à 134 F. Tempère le lombo avec du sel et du piment. Mélangez le 1 colher de soupe d'azéite, le vinaigre de vin blanc, le jus de citron vert, le piment de la Jamaïque et le tout dans le pot.

Mélangez le lombo avec la marinade et le coloke dans un sac mis sous vide. Solte ou ar pelo método de deslocamento de agua, feche e merguhe o saco no banho-maria. Cuire 1 heure et 30 minutes.

Pendant ce temps, versez l'huile dans un feu moyen et arrosez l'oignon, la tomate, l'ail et la sauce soja. Cuire 5 minutes jusqu'à ce que la tomate commence à ramollir. Deixou de lado.

Assim que le chronomètre parar, retire le lombo et seque com papel toalha. Réservez les sucos do cozimento. Mettez le réfrigérateur dans le brouillard haut et sélectionnez pendant 1 à 2 minutes.

Combinez les sucos de cozimento avec une mistura de tomate. Cuire pendant 4-5 minutes jusqu'à ce qu'il soit plus fervent. Ajouter la longe et remuer pendant encore 2 minutes. Servir avec du quinoa.

Bife de Herby

Temps de préparation + cuisson : 3 heures 20 minutes | Portions : 6

Ingrédients

2 colheres de sopa de manteiga

3 kilos de fraldinha

2 colheres de sopa de óleo extra vierge

1½ colher de chá de alho em pó

Sal e pimenta preta a gosto

¼ colher de cha de cebola em pó

¼ cuillère à café de poivre de Cayenne

¼ cuillère à café de salsa seca

¼ colher de cha de salvia seca

¼ colher de chá de alecrim seco esmagado

instructions

Préparez un banho-maria et du coloke ou sous vide nele. Ajustez pour 134 F. Pincele ou bife com azeite.

Combinez alho em pó, sal, pimenta, cebola em pó, pimenta caiena, salsa, sálvia et alecrim. Esfregue o bife com a mistura.

Placez le steak dans un grand sac pouvant être mis sous vide. Solte ou ar pelo método de deslocamento de agua, feche e merguhe o saco no banho-maria. Cozinhe por 3 heures.

Assim que le chronomètre parar, retire la bife et seque com papel de cozinha. Aqueça a manteiga em a frigideira em fugo alto e sele o bife por 2-3 minutos de todos os lados. Laisser reposer 5 minutes et couper pour servir.

almôndegas de carne com pimentão

Temps de préparation + cozimento : 55 minutes | Portions : 3

Ingrédients:

1 livre de viande moída maigre

2 colheres de sopa de farinha de trigo

¼ tasse de lait

½ colher de cha de pimenta preta moisida na hora

¼ cuillère à café de piment de malagueta

3 dents de alho, esmagados

1 cuillère à soupe d'huile d'olive

1 cuillère à soupe de sel

½ tasse de folhas de aipo, bem picadas

Instructions:

Préparez un bain-marie, placez-le sous vide et ajustez-le à 136 F.

Dans une tigela grande, mélangez de la viande avec de la farine, du lait, du piment de reine, du piment, de l'alho, du sal et de l'aipo. Mélange avec la plupart des ingrédients qui doivent être combinés. Formez des petits bols et un colóque-comme dans un grand sac lacrado à vide dans une seule chambre.

Mélangez le sac selado dans le banho-maria et cozinhe pendant 50 minutes. Prenez votre retraite en tant qu'almôndegas do saco e seque. Sele as almôndegas em uma frigideira em fogo médio com o azeite, virando para dourar de todos os lados.

Jalapeno – Rôti de côtes de tomates

Temps de préparation + cuisson : 1 heure 40 minutes | Portions : 4

Ingrédients:

3 lb racks de costelas de vaca, cortadas em 2
Sal e pimenta preta a gosto
½ tasse de mistura jalapeno-tomate
½ tasse de sauce barbecue

Instructions:

Faça un banho-maria, colocé o Sous Vide nele et ajuste para 140 F. Tempera a costela com sel e pimenta. Placez-le dans un sac chargé sous vide, solte ou ar e feche-o. Placer dans le bain-maria et ajuster le tempo pendant 1 heure. Assim que le chronomètre parar, ouvre le sac. Mélange des ingrédients restantes. Je vais l'écouter pendant 30 minutes.

Pendant ce temps, pré-aqueça un grillha em fogo médio. Cubra as costelas com o molho jalapeno et coloke na grelha. Doure por 2 minutes de todos os lados.

Almondegas Gregas avec Molho de Iogurte

Temps de préparation + cuisson : 1 heure 10 minutes | Portions : 4

Ingrédients:

1 livre de viande moída maigre

¼ tasse de migalhas de pão

1 gros oeuf, battu

2 cuillères à café de salsa fraîche

Sal marinho et pimenta preta a gosto

3 colheres de sopa de azeite extra vierge

Molho de yaourt:

6 onces de yaourt grec

1 tasse de soupe d'azéite extra vierge

Fresque tempérée

Jus d'1 citron vert

1 dent de alho, picado

sal a gosto

Instructions:

Commencez par la préparation de la sauce au yaourt. Mélangez tous les ingrédients du mélange dans une tige moyenne, couvrez et placez au réfrigérateur pendant 1 heure.

Ensuite, préparez un bain-marie, placez le sous vide et ajustez à 141 F. Placez la viande sur une tigela grande. Ajout de l'œuf battu, de la farinha de rosca, de la salsa fresca ou du sel et du piment. La brume contient des ingrédients. Formez des petits bols et un colóque-comme dans un grand sac lacrado à vide dans une seule chambre. Feche o saco e cozinhe em banho-maria por 1 hora. Pour une escumadeira, retirez soigneusement le sac et jetez le liquide du cozimento.

Sele as almôndegas em uma frigideira em fogo médio avec de l'huile jusqu'à ce qu'elle soit dorée, 2-3 minutes de chaque côté. Cubra com o molho de yaourte e serva.

Lombo Grelhado avec Chili

Temps de préparation + cuisson : 2 heures 45 minutes | Portions : 5

Ingrédients

2 cuillères à soupe de farine

3 kilos de longe

2 tasses de soupe d'azéite

Sal e pimenta preta a gosto

2 tasses de soupe de cebola en pó

2 tasses de soupe de tout ce qui est dans le pot

1 cuillerée de paprika

2 cuillerées de piment serrano fumé au pó

1 cuillère à café de sauge sèche

1 colher de cha de noz-moscada

1 cuillerée de cumin moulu

2 colheres de sopa de manteiga

instructions

Préparez un banho-maria et du coloke ou sous vide nele. Ajustez à 130 F. Pincele ou lombo avec azeite.

Mélanger le sel, le piment, la farine, la cebola em pó, alho em pó, paprica defumada, pimenta serrano defumada em pó, sálvia, noz-moscada et cominho. Esfregue o lombo com a mistura.

Placez-les dans un grand sac pouvant être scellé sous vide. Solte ou ar pelo método de deslocamento de agua, feche e merguhe o saco no banho-maria. Cuisson pendant 2 heures et 30 minutes.

Alors que le chronomètre parar, retirez la bife et continuez avec une toalha de cozinha. Aqueça a manteiga em a frigideira em fugo alto e sele o bife por 2-3 minutos de todos os lados. Laisser reposer 5 minutes et couper pour servir.

Costelinha Churrasco

Temps de préparation + cuisson : 48 heures 15 minutes | Portions : 8

Ingrédients:

1 ½ kilos de poitrine de bœuf

Sal e pimenta preta a gosto

1 cuillère à soupe d'huile d'olive

1 tasse de soupe de tout ce qui est dans le pot

Instructions:

Préparez un banho-maria et du coloke ou sous vide nele. Ajuster à 150 F. Esfregue sal, pimenta e alho em pó sobre a carne e coloke-a em un saco lacrado a vide. Libérez ou utilisez la méthode de déplacement de l'eau, sélectionnez et fusionnez sans banho-maria. Définissez une minuterie de 48 heures. Après 2 jours, versez de l'huile sur un panneau dans le brouillard moyen. Retirez-vous de la viande du sac et de la sélection de tous les lados.

Bifes do Lombo avec Molho de Creme de Cogumelos

Temps de préparation + cuisson : 1 heure 20 minutes | Portions : 3

Ingrédients:

3 (6 onces) bifes de lombo desossados
Sal e pimenta preta a gosto
4 colheres de sopa de manteiga sem sal
1 cuillère à soupe d'huile d'olive
6 onces de cogumelos brancos, esquartejados
2 échalotes, picadas
2 dents d'alho, hachées
½ tasse de bouillon
½ tasse de crème de lait
2 colheres de sopa de mostarda
Cebolinha em rodelas finas para decorar

Instructions:

Préparez un bain-marie, placez-le sous vide et réglez-le à 135 ºF. Tempérer la viande avec du piment et du sel et la mettre dans 3 sacs séparés sous vide. Ajoutez 1 cuillère à soupe de babeurre dans chaque sac. Solte ou ar pelo método de deslocamento de agua, feche e merguhe o saco no banho-maria. Défini pendant 45 minutes.

Pendant les minutes précédant le chronomètre, versez de l'eau ou de l'huile pendant une période restante dans un réfrigérateur dans le brouillard moyen. Lorsque le chronomètre apparaît, retirez et ouvrez le sac. Retirez la viande, séquez et coloke na frigideira. Réservez os sucos nos saquinhos. Doure de chaque minute pendant 1 minute et transfert vers la table. Fatie e réserve.

Na mesma frigideira, addie as chalotas e os cogumelos. Refoguez pendant 10 minutes et augmentez-le également. Cuire 1 minute. Ajout du caldo et des sucos réservés. Cuire 3 minutes. Ajoutez la crème de lait, laissez fermenter à feu vif et réduisez à feu doux au bout de 5 minutes. Desligue o fogo e misture o molho de mostarda. Placer le bife em um prato, couvrir de molho de cogumelos et décorer de cebolinha.

Côte de bœuf avec Crosta de Ervas de Aipo

Temps de préparation + cuisson : 5 heures 15 minutes | Portions : 3

Ingrédients:

1 ½ lb de bife de vieux lombo, avec osso

Sal e pimenta preta a gosto

½ colher de cha de pimenta rose

½ colher de sopa de sementes de aipo, secas

1 tasse de soupe de tout ce qui est dans le pot

2 ramos de Alecrim Picados

2 tasses de bouillon de viande

1 claire d'oeuf

Instructions:

Esfregue sal na carne e deixe marinar por 1 hora. Face à un banho d'eau, colóce Sous Vide nele e ajustez à 130 F. Placez la viande dans un sac lacrado sous vide, libérez ou utilisez la méthode de localisation de l'eau et sélectionnez le sac. Mergulhe o saco no banho-maria. Définissez une minuterie sur 4 heures et faites cuire. Depois de pronto, retirez-vous a carne e seque ; les a laissés mentir.

Mélangez du piment prêt à l'emploi, du piment rose à l'achat, comme des graines d'aipo, ou tout ce qui est dans l'achat et l'alecrim. Pincez la viande avec la clarté de l'œuf. Mélangez la viande avec la brume de graines d'aipo pour la recouvrir gracieusement. Mettez-le dans une rôtissoire et laissez-le au four pendant 15 minutes. Retirez-vous et deixe esfriar sur une table.

Fatie délicatement la viande, cortando contra o osso. Versez le liquide dans un sac sous vide et caldo de viande dans un panneau et levez pour faire bouillir le brouillard moyen. Jeter la gordura flutuante ou les solides. Placez comme fatias de carne em um prato e regue com o molho. Servir avec un morceau de légumineuses vertes cuites sans vapeur.

Bife de Vaca avec Shalotas et Salsa

Temps de préparation + cuisson : 1 heure 15 minutes | Portions : 4

Ingrédients:

2 livres de steak de bœuf, tranché

2 colhéres de soupe de mostarda Dijon

3 tasses de soupe d'azéite

1 colher de sopa de folhas de salsa fresca, finement haché

1 colher de chá de alecrim fresco, finement haché

1 colher de sopa d'échalote, finement hachée

½ colher de cha de tomilho seco

1 dent de alho, esmagado

Instructions:

Préparez un bain maria et placez-le sous vide. Définir le paragraphe 136 F.

Avec une tigela pequena, de la sauce à la mostarda de Dijon, de l'azéite, de la salsa, de l'alecrim, de la chalota, du tomilho et d'autres. Esfregue une viande avec ce mélange et placez-la dans un sac sous vide. Solte ou ar pelo método de deslocamento de agua, feche e merguhe o saco no banho-maria. Définissez le temporizador pour 1 heure. Servir la salade.

Churrasco Desfiado

Temps de préparation + cuisson : 14 heures 20 minutes | Portions : 3

Ingrédients:

1 balance de mandril de viande assada
2 colheres de sopa de tempero para churrasco

Instructions:

Faites un bain-marie, placez le nele Sous Vide et ajustez à 165 F.

Pré-aqueça un grelha. Séchez la viande avec une toalha de papel et esfregue avec du tempero de churrasco. Réservez 15 minutes. Placer la viande dans un sac sous vide, libre ou par déplacement de l'eau et du sac.

Mergulhe pas de banho-maria. Définissez une minuterie sur 14 heures et cuisinez. Assurez-vous que le chronomètre apparaisse, retirez le sac et ouvrez-le. Retraite a carne e desfie-a. Sert.

Carne Enlatada Simples

Temps de préparation + cuisson : 5 heures 10 minutes | Portions : 4

Ingrédients:

15 onces de viande de poitrine
1 cuillère à soupe de sel
¼ tasse de bouillon
1 cuillère à café de paprika
1 pinte de bière
2 oignons, tranchés
½ cuillère à café d'origan
1 cuillerée de poivre de Cayenne

Instructions:

Préparez un bain maria et placez-le sous vide. Ajustez pour 138 F. Corte a carne em 4 paredagos. Placer dans des sacs sous vide. Bata a cerveja, o caldo e os temperos em uma tigela. Misture comme cebolas. Divida a mistura entre os saquinhos.

Solte ou ar pelo método de deslocamento de agua, feche e merguhe o saco em banho-maria. Définissez une minuterie de 5 heures. Alors que le chronomètre parar, retirez le sac et transfira pour un prato.

Lombo de tomate asado sans brouillard

Temps de préparation + cuisson : 2 heures 8 minutes | Portions : 4

Ingrédients:

2 livres de lombo de vaca avec corte central, 1 polegada de squisa
1 tasse de tomates rôties sans brouillard, hachées
Sal e pimenta preta a gosto
3 tasses de soupe d'azéite extra vierge
2 folhas de louro entières
3 colheres de sopa de manteiga, sem sal

Instructions:

Préparez un banho-maria, du coloke ou du sous vide et ajustez-le à 136 F. Lavez-le à la viande dans l'eau courante et continuez avec du papier peint. Regue bem com o azeite e tempere generosamente com sale e pimenta. Mettez-le dans un grand sac mis sous vide avec les tomates assados sans fugue et deux feuilles de Louro. Feche o saco, merguhe no banho-maria et cozinhe por 2 horas.

Depois de pronto, retirez os sacos, coloke a carne em uma assadeira. Jetez le liquide de cuisson. Dans une grande frigideira, derreta a manteiga em fogo médio. Ajouter la longe et la ceinture pendant 2 minutes de chaque côté. Servir avec du molho et des légumineuses de votre choix.

Bife do Lombo avec Puré de Nabos

Temps de préparation + cuisson : 1 heure 20 minutes | Portions : 4

Ingrédients:

4 bifes de lombo

2 livres de voisins, en cubes

Sal e pimenta preta a gosto

4 cuillères à soupe de beurre

Azéite pour rafraîchir

Instructions:

Face à un bain d'eau, mettez la coloke sous vide et collez-la à 128 F. Tempérez les bifes avec piment et vendez-la dans un sac laqué sous vide. Solte ou ar pelo método de deslocamento de agua, feche e merguhe o saco no banho-maria. Définissez le temporizador pour 1 heure.

Mettez les côtés dans l'eau bouillante et faites cuire jusqu'à ce qu'ils soient tendres pendant environ 10 minutes. Coe os nabos e coloke em uma tigela. Ajoutez une manteiga et amasse-os. Tempérer le piment et le sel.

Assurez-vous que le chronomètre apparaisse, retirez et ouvrez les sacs. Retirez les bifes do saco e seque. Tempérez un gosto. Mettez-les dans un panneau d'huile à feu moyen pendant environ 2 minutes à chaque fois. Servir les bifes avec puré de nabo.

Fraldinha avec Tomate Assado

Temps de préparation + cuisson : 3 heures 30 minutes | Portions : 3

Ingrédients:

1kg de fraldinha

4 cuillères à soupe d'huile d'olive, divisée en deux

1 colher de sopa + 1 colher de cha de tempero Italiano

Sal e pimenta preta a gosto

4 dentes de alho, 2 dentes amassados + 2 dentes inteiros

1 tasse de tomates cerises

1 tasse de soupe de vinaigre balsamico

3 cuillerées de soupe au parmesan râpé

Instructions:

Préparez un banho-maria, colokeez sous vide et ajustez-le à 129 F. Mettez-le dans un sac laqué sous vide. Ajouter l'huile d'olive, le tempéro italien, le pimenta do reino, le sel et l'alho amassado et frotter délicatement.

Libérez ou utilisez la méthode de déplacement de l'eau et sélectionnez le sac. Mergulhe pas de banho-maria. Réglez une minuterie sur 3 heures et laissez cuire 10 minutes. Avant que le chronomètre soit pareil, pré-aqueça un prix à 400 F.

Dans une tigela, mélangez les tomates avec les ingrédients restants, à l'exception du queijo parmesão. Despeje em uma assadeira and leve ao forno na grelha more lointaine do fogo. Continuez pendant 15 minutes.

Assim que o cronômetro parar, retrait o saco, abra-o e retrait o bife. Transférez sur une surface plane et sélectionnez les endroits où vous vous trouvez avec une touche à chaque fois. Deixe esfriar e corte em fatias finas. Sirva ou bife avec tomate assado. Garnir de parmesan.

Bife de Pera

Temps de préparation + cuisson : 3 heures 10 minutes | Portions : 3

Ingrédients:

3 (6 onces) bifes de pera
2 tasses de soupe d'azéite
4 colheres de sopa de manteiga sem sal
4 dentes de alho, esmagados
Fresque des 4 ramos de Tomilho

Instructions:

Faites un bain-marie, placez le nele Sous Vide et ajustez à 135F. Tempérer la viande avec du sel et du coloke dans 3 sacs mis sous vide. Libérez ou utilisez la méthode de localisation de l'eau et sélectionnez les sacs. Mergulhe pas de banho-maria. Définissez une minuterie sur 3 heures et faites cuire.

Assim que le cronômetro parar, retire a carne, seque e tempere com pimenta e sal. Aqueça o oleo em uma frigideira em fugo médio até comgresar soltar fumaça. Addition os bifes, a manteiga, o alho eo tomilho. Doure por 3 minutes dos deux lados. Réglez avec un peu plus de manteiga pendant la cuisson. Corte os bifes nas fatias desejedas.

Palette de bovins avec cogumelos

Temps de préparation + cuisson : 6 heures 15 minutes | Portions : 3

Ingrédients:

1 balance de l'ombre du mandrin de viande
1 carotte de taille moyenne, tranchée
1 gros oignon, haché
¾ tasse de cogumelos, tranchés
1 tasse de bouillon de viande
2 tasses de soupe d'azéite
4 dents de alho, finement hachées
Sal e pimenta preta a gosto

Instructions:

Préparez un banho-maria et du coloke ou sous vide nele. Définissez le paragraphe 136 F. Placez l'ombre de la viande dans un grand sac laqué sous vide avec la cenoura fatiguée et la métade du chaud. Mélangez le sac selado dans le banho-maria et cozinhe pendant 6 heures. Assim que o cronômetro parar, retirer a carne do saco e seque.

Dans un panneau, ajoutez de l'azéite et coloquez une cibola avec vous. Faire frire jusqu'à ce qu'il soit translucide, pendant 3-4 minutes. Ajoutez l'épaule de viande, le reste du bouillon, 2 tasses d'eau, les champignons, sel et poivre. Deixe ferver et reduza o fogo ao minimo. Cozinhe por mais 5 minutos, mexendo semper.

Cogumelos Recheados De Tomate

Temps de préparation + cozimento : 60 minutes | Portions : 4

Ingrédients:

2 livres de cogumelos Cremini

1 pimentão amarelo, finement haché

2 tomates de tanamo médio, sem pele et bem picados

2 cebolinhas, fines picadas

1 ¾ tasse de bœuf haché maigre

3 tasses de soupe d'azéite

Sal e pimenta preta a gosto

Instructions:

Préparez un banho-maria et du coloke ou sous vide nele. Définissez le paragraphe 131 F. Cozinhe os cogumelos no vapor e reserve as tampas. Piquez les talos dos cogumelos. Aqueça 2 colheres de sopa de azéite em uma frigideira grande. Ajoutez l'oignon et refoguez pendant 1 minute.

Maintenant, ajoutez la viande hachée et refoguez pendant quelques minutes en remuant constamment. Mélangez les talos de cogumelos, les tomates, le piment, le sel et le piment de roi et remettez-les en route pendant plus de 3 minutes.

Arrume as tampas dos cogumelos em uma surface de trabalho limpa e regue com o oleo restante. Disposez le mélange de viande dans chaque couvercle et placez-le dans un grand sac laqué sous vide en une seule couche. Solte ou ar pelo método de deslocamento de agua, feche e merguhe o saco no banho-maria. Définissez une minuterie de 50 minutes.

Assim que o cronômetro parar, retrait os cogumelos do saco. Transférer pour un plat de service. Despeje sobre qualquer un dos sucos de cogumelos qui sobraram no saco. Servir la salade.

Ensopado de viande classique

Temps de préparation + cuisson : 3 heures 15 minutes | Portions : 4

Ingrédients:

1 balance de cocce de boi cortado em pedachos pequenos

½ berinjela grande tranchée

1 tasse de tomates rôties sans brouillard

1 tasse de bouillon de viande

½ tasse de vinho

¼ tasse d'huile végétale

5 grains de piment, entiers

2 colheres de sopa de manteiga, sem sal

1 feuille de Louro entière

1 tasse de soupe de pâtes à la tomate

½ colher de soupe au piment de Cayenne

¼ cuillère à café de piment de malagueta (facultatif)

1 cuillère à soupe de sel

Salsa fresca pour décorer

Instructions:

Préparez un banho-maria et du coloke ou sous vide nele. Définir le paragraphe 135 F. Lave a carne em água corrente fria. Sécher avec du papier absorbant et déposer sur un plan de travail. Utilisez une face afiada, corte em pedachos pequenos.

Dans une tigela grande, du vin avec de l'huile, du piment, du louro, du piment caiena, du piment et du sel. Mélangez la viande et laissez-la au réfrigérateur pendant 2 heures. Retirez la viande de la marinade et continuez avec le papier de cuisson. Réservez le liquide. Placez-les dans un grand sac pouvant être scellé sous vide. Feche ou sac.

Mélangez le sac selado dans le banho-maria et cozinhe pendant 1 heure. Retirez le banho-maria, retirez-le de la feuille de leurre et transférez-le vers un panneau de fonds et de fonds grosso. Ajout de beurre et de derreta délicatement dans le fogo médio. Placer les berinjelas, les tomates et ¼ tasse de marinade. Cozinhe por mais 5 minutos, mexendo semper. Goûtez, ajustez les températures et servez décoré de salsa fresca picada.

hamburgers de alho

Temps de préparation + cozimento : 70 minutes | Portions : 4

Ingrédients:

1 livre de viande moída maigre

3 dents de alho, esmagados

2 cuillerées de pain râpé

3 œufs, batidos

4 pains à hamburger

4 feuilles d'alface crespa

4 rouleaux de tomate

¼ tasse de lentilles, faire tremper

¼ tasse d'huile, divisée ao meio

1 colher de sopa de coriandre, finement hachée

Sal e pimenta preta a gosto

Instructions:

Préparez un bain-marie, placez-le sous vide et ajustez-le à 139 F.

J'encuento isso, em uma tigela, misture as lentilhas com carne, alho, cientro, farinha de rosca, ovos e trois colheres de sopa de oleo. Tempere com sal e pimenta preta. Utilisez-le comme des mains, moulez les hambúrgueres et placez-les sur une surface de travail légèrement enfarinhada. Placez délicatement chaque hamburger dans un sac hermétique et passez-le sous vide. Mélangez sans banho-maria et cozinhe pendant 1 heure.

Alors que le chronomètre parar, retirez les hambúrgueres du sac et les suites du papier toalha. Deixou de lado. Ajoutez de l'huile restante dans une grande frigidaire. Faites cuire les jambons pendant 2-3 minutes chaque fois pour préparer plus de crocantes. Réglez vos hamburgers avec le prix de votre préférence et transférez-les vers vos enfants. Décorez comme l'alface et tomatez et servez immédiatement.

ensopado de carne moida

Temps de préparation + cozimento : 60 minutes | Portions : 3

Ingrédients:

4 berinjelas médias cortadas ao meio

½ tasse de viande maigre

2 tomates de taille moyenne, hachées

¼ tasse d'huile d'olive extra vierge

2 colheres de sopa de amêndoas tordadas, finement picadas

1 colher de sopa de folhas frescas de aipo, bem picadas

Sal e pimenta preta a gosto

1 colher de cha de thym

Instructions:

Préparez un banho-maria et du coloke ou sous vide nele. Ajustez à 180 F. Corte comme berinjelas ao meio, no sentido do longitudo. Retirez la viande et transférez-la pour une tige. Polvilhe généreusement com sal e deixe descansar por dez minutos.

Faire bouillir 3 cuillères à soupe d'huile dans de l'huile moyenne. Faites frire brièvement comme des berinjelas, pendant 3 minutes chaque fois et retirez de la frigideira. Utilisez un peu de papier absorbant pour absorber l'excès d'huile. Deixou de lado.

Placez la viande hachée dans le même réfrigérateur. Refoguez pendant 5 minutes, junte os tomates et cozinhe até os tomates amolecerem. Ajouter les berinjelas, les amandes et les folhas de aipo et cuire 5 minutes. Desligue o fogo e misture o tomilho.

Transférez tout pour un grand sac lacrymogène sous vide. Solte ou ar pelo método de deslocamento de agua, feche e merguhe o saco no banho-maria. Définissez une minuterie de 40 minutes.

Assim que le chronomètre parar, retire le sac et despeje le conteño sur une tigela grande. Prouvez et ajustez vos humeurs. Servir décoré de salsa, se deszeher.

Lombo de boi au molho de tomate

Temps de préparation + cuisson : 2 heures 5 minutes | Portions : 3

Ingrédients:

Médailles de lombo de vaca de 1 kilo

1 tasse de tomates rôties sans brouillard

1 cuillère à café de sauce pimentée

3 dents de alho, esmagados

2 cuillerées de pimenta malagueta

2 colheres de alho em pó

2 cuillères à soupe de jus de citron vert frais

1 folha de louro

2 cuillères à soupe d'huile végétale

Sal e pimenta preta a gosto

Instructions:

Préparez un banho-maria, du coloke ou du sous vide et ajustez-le à 129 F. Tempérez la viande avec du sel et du piment de mouton.

Dans une tige, mélangez les tomates assados sans brouillard avec du molho de pimenta, avec du piment malagueta amassé, avec du pó et du suco de lime. Ajout du lombo à mistura et misture bem. Placez le sac sous vide en une seule couche et scellez-le. Mélangez sans banho-maria et cozinhe pendant 2 heures.

Lorsque le chronomètre apparaît, supprimez les médailles et les suites. Descartes à la folha de Louro. Réservez les sucos do cozimento. Doure em uma frigideira bem alors que pendant environ 1 minute. Servir avec le molho et la purê de batata.

Carne avec Cebola

Temps de préparation + cuisson : 1 heure 15 minutes | Portions : 3

Ingrédients:

¾ tasse de viande maigre, coupée en petits morceaux

2 cebolas grandes, descascadas e picadas finamente

¼ tasse d'eau

3 cuillères à soupe de mostarda

1 cuillère à café de sauce soja

1 colher de cha de thym seco

2 tasses de soupe à l'huile végétale

2 tasses de soupe à l'huile de sésame

Instructions:

Préparez un banho-maria et du coloke ou sous vide nele. Définir le paragraphe 136 F. Lave a carne e seque com papel de cozinha. Avec un pincel de cozinha, espalhe a mostarda sobre a carne e polvilhe com tomilho seco.

Placer dans un sac scellé sous vide avec la sauce soja, l'oignon haché et l'huile de sésame. Feche ou sac. et merguhe no banho e cozinhe por 1 hora. Prenez votre retraite en banho-maria. Séquez la viande avec du papier et la réserve.

Aqueça o oleo vegetal in a frigideira grande, in fogo médio. Ajoutez les escalopes de viande et laissez mijoter 5 minutes en remuant constamment. Retire do fogo e serva.

Costelinha avec Alho

Temps de préparation + cuisson : 10 heures 15 minutes | Portions : 8

Ingrédients:

3 livres de costela, cortada

1 raminho d'Alecrim

1 raminho de Tomilho

Sal e pimenta preta a gosto

6 dents de chaque

1 cuillère à soupe d'huile d'olive

Instructions:

Préparez un banho-maria et du coloke ou sous vide nele. Ajustez à 140 F. Tempérez le coût avec du sel, du piment et du coloke dans un sac laqué sous vide avec de la farine et de l'alecrim. Solte ou ar pelo método de deslocamento de agua, feche e merguhe o saco em banho-maria. Définissez une minuterie de 10 heures.

Assurez-vous que le chronomètre apparaisse, retirez le sac. Esmague os dentes de alho em uma pasta, espalhe a pasta sobre a carne. Ajoutez de l'huile sur un panneau et sélectionnez la viande de tous les gens, pendant quelques minutes.

Filet de Carne avec Cenoura's Baby

Temps de préparation + cuisson : 2 heures 15 minutes | Portions : 5

Ingrédients:

2 kilos de filet de boi
7 cenouras baby cortadas em rodelas
1 oignon, haché
1 tasse de tomate supplémentaire
2 tasses de soupe à l'huile végétale
2 colheres de sopa de salsa fresca, finement hachées
Sal e pimenta preta a gosto

Instructions:

Préparez un banho-maria et du coloke ou sous vide nele. Ajustez pour 133 F. Laver et mettre la viande avec du papier de cuisson. Avec une face afiada, coupez les petits péquenos et tempérez le sel et le piment.

Dans une frigideira, doure a carne no oleo em fogo médio, virando para dourar por igual por 5 minutos.

Maintenant, ajoutez les carottes et les oignons émincés au réfrigérateur et faites cuire jusqu'à ce qu'ils soient tendres, environ 2 minutes. Mélangez l'extrait de tomate ou salez du piment. Versez ½ tasse d'eau.

Retirer le brouillard et transférer un grand sac sous vide dans une seule chambre. Solte ou ar pelo método de deslocamento de agua, feche e merguhe o saco no banho-maria. Définissez une minuterie pour 2 heures. Retirez le sac de bain et transférez le contenu dans le plat pour servir. Servir décoré de salsa fresca.

Costela de Vaca à Vinho Tinto

Temps de préparation + cuisson : 6 heures 15 minutes | Portions : 3

Ingrédients:

1 balance de costela bovine
¼ tasse de vinho tinto
1 cuillère à soupe de farine
½ tasse de tomate supplémentaire
2 tasses de soupe d'azéite
½ tasse de bouillon
¼ tasse de vinaigre de maçã
1 dent de alho, picado
1 cuillère à café de paprika
Sal e pimenta preta a gosto

Instructions:

Préparez un banho-maria et du coloke ou sous vide nele. Ajustez pour 140 F. Laver et escorter comme costelas. Tempère avec du sel, du piment et du paprika. Mettez-le dans un sac scellé sous vide et mettez-le en une seule couche avec le vin, l'extrait de tomate, le bouillon de viande, le miel et le cidre de pomme. Solte ou ar pelo método de deslocamento de agua, feche e merguhe o saco no banho-maria. Définissez une minuterie pour 6 heures. Seque comme costelas. Descartes des liquides de cozimento.

Dans un grand frigidaire, mettre de l'eau ou de l'huile d'olive à feu doux. L'ajout de tout ce qui est refoulé a été translucide. Placer les côtes levées et la doure 5 minutes de chaque côté.

Carne Pimenta

Temps de préparation + cuisson : 6 heures 10 minutes | Portions : 2

Ingrédients:

1 livre de filet mignon, coupé en petits morceaux
1 cebola grande bem picada
1 colher de sopa de manteiga, derretida
1 colher de sopa de salsa fresca, finement haché
1 colher de cha de thym seco, moulu
1 cuillère à soupe de suco de limeo, préparée à l'heure
1 tasse de soupe de pâtes à la tomate
Sal e pimenta preta a gosto

Instructions:

Préparez un banho-maria et du coloke ou sous vide nele. Ajuster à 158 F. Mélanger tous les ingrédients, à l'exception d'une salsa, dans un grand sac mis sous vide. Solte ou ar pelo método de deslocamento de agua, feche e merguhe o saco no banho-maria. Définissez une minuterie pour 6 heures.

Alors que le chronomètre parar, retirez la banho-maria et ouvrez le sac. Servir immédiatement décoré de salsa fresca picada.

Estrogonofe De Carne

Temps de préparation + cuisson : 24 heures 15 minutes | Portions : 4

Ingrédients:

1 balance de mandril assado, coupée en morceaux
½ oignon, picada
1 balance de cogumelos, fatiados
1 dent de alho, picado
¼ tasse de vin blanc
4 colheres de soupe de yaourt Grego
½ tasse de bouillon
1 cuillère à soupe de soupe de manteiga
1 raminho de salsa fresca de folhas planas
Sal e pimenta preta a gosto

Instructions:

Préparez un banho-maria et du coloke ou sous vide nele. Ajustez à 140 F. Tempérez la viande avec du sel et du piment. Placez-les dans un sac laqué sous vide et à sec. Mélangez l'eau pré-aquecida et laissez cuire 24 heures.

No dia seguinte, derreta a manteiga em uma panela em fogo médio. Placez l'oignon et l'ail et refoguez jusqu'à ce qu'ils soient tendres, environ 3 minutes. Ajouter les champignons et cuire encore 5 minutes. Despeje o vinho eo caldo e cozinhe até reduzar pela métade.

Junte a carne e cozinhe por mais um minuto. Prouvez et ajustez vos humeurs. Servir la quente avec la salsa fresca picada.

Bifinhos de Carne avec Molho Teriyaki et Sementes

Temps de préparation + cozimento : 70 minutes | Portions : 2

ingrédients

2 bifes de vacances
½ tasse de sauce teriyaki
2 colheres de soupe de molho de soja
2 colheres de cha de pimentas fresques, picadas
1½ colher de sopa de sementes de gergelim, séché
2 colheres de sopa de sementes de papoila, séchées
8 onces de macarão de riz
2 tasses de soupe à l'huile de sésame
1 colher de sopa de cebolinha, finement haché

Instructions

Préparez un banho-maria et du coloke ou sous vide nele. Définissez le paragraphe 134 F. Piquez la viande dans les cubes et collez-la dans un sac lacrado sous vide. Ajouter 1/2 tasse de sauce teriyaki. Solte ou ar pelo método de deslocamento de agua, feche e merguhe o saco no banho-maria. Cuisson pendant 60 minutes.

Em uma tigela, misture o molho de soja e as pimentas. Em outra tigela, coloke comme sementes de papoula. Au bout de 50 minutes, commencez la cuisson du macarrão. Escorra-os et transfira para uma tigela. Alors que le chronomètre parar, retirez la viande et jetez les sucos do cozimento. Ajoutez de l'huile d'olive dans un réfrigérateur dans le brouillard haut et ajoutez de la viande avec 6 colheres de soupe de molho teriyaki. Cuire 5 secondes. Servez-les une tigela et décorez-les avec des tostadas de graines.

Fraldinha avec citron et piment

Temps de préparation + cuisson : 2 heures 15 minutes | Portions : 4

Ingrédients:

2 livres de fraldinha

1 tasse de soupe de raspas de Lima

1 citron, tranché

½ cuillère à café de poivre de Cayenne

1 colher de alho em pó

Sal e pimenta preta a gosto

¼ tasse de sirop de bordo

½ tasse de caldo de galinha

Instructions:

Préparez un banho-maria et du coloke ou sous vide nele. Ajustez à 148 F. Combinez les températures et les raspas et esfregue sur le bife. Laisser reposer environ 5 minutes.

Bata o caldo eo xarope de bordo. Placer le steak dans un sac sous vide et ajouter les quartiers de citron. Solte ou ar pelo método de deslocamento de agua, feche e merguhe o saco em banho-maria. Définissez une minuterie pour 2 heures. Ensuite, retirez-vous et transférez-le pour un grelha et cozinhe pendant 30 secondes de chaque jour. Sers immédiatement.

Ensopado de viande et de légumineuses

Temps de préparation + cuisson : 4 heures 25 minutes | Portions : 12

Ingrédients:

16 onces de filet de viande, en cubes
4 patates douces, picadas
3 carottes, tranchées
5 onces d'échalotes, tranchées
1 oignon, haché
2 dents d'alho, hachées
¼ tasse de vinho tinto
¼ tasse de crème de lait
2 colheres de sopa de manteiga
1 cuillère à café de paprika
½ tasse de caldo de galinha
½ cuillère à café d'açafrão
Sal e pimenta preta a gosto
1 cuillère à soupe de jus de citron vert

Instructions:

Préparez un banho-maria et du coloke ou sous vide nele. Ajuster à 155 F. Placer la viande avec le sel, le piment, l'açafrão, le paprika et le vin rouge dans un sac laqué sous vide. Massageie para cover bem. Solte ou ar pelo método de deslocamento de agua, feche e merguhe o saco em banho-maria. Définissez une minuterie pour 4 heures.

Pendant ce temps, mélangez le reste des ingrédients dans le sac sous vide. Feche et merguhe no meme banho 3 heures avant la finale au rythme de la cuisson de la viande. Depois de pronto, retirez le tout et mettez-le dans un panneau sur feu moyen et laissez cuire 15 minutes.

Steak Picante

Temps de préparation + cuisson : 2 heures 10 minutes | Portions : 5

Ingrédients:

2 kilos de boeuf

3 tasses de soupe d'azéite

2 tasses de cha de raspas de limeo

½ cuillère de piment de la Jamaïque

1 cuillère à café d'origan

1 cuillère à soupe de soupe de manteiga

¼ colher de chá de flocons de pimenta vermelha

Instructions:

Préparez un banho-maria et du coloke ou sous vide nele. Ajustez à 130 F. Combinez toutes les températures et esfregue na carne. Placez-les dans un sac hermétique. Solte ou ar pelo método de deslocamento de agua, feche e merguhe o saco em banho-maria. Définissez une minuterie pour 2 heures.

Assim que le chronomètre parar, retire le sac et le corte o bife em 5 pedaços iguais. Doure por todos os lados em uma panela em fugo médio pendant environ 30 secondes.

Pain de viande du Worcestershire

Temps de préparation + cuisson : 2 heures 15 minutes | Portions : 4

Ingrédients:

1 livre de viande hachée

1 tasse de chapelure

1 oignon, haché

1 oeuf

1 tasse de yaourt

1 dent de alho, picado

Sal e pimenta preta a gosto

Esmalte :

1 boule de ketchup

2 cuillères à soupe de sucre mascavo

2 cuillères à soupe de sauce Worcestershire

Instructions:

Préparez un banho-maria et du coloke ou sous vide nele. Définissez pour 170 F. Combinez tous les ingrédients du bol de viande dans une tige. La bouillie est complètement incorporée à la machine. Placez-la dans un sac laqué sous vide et moulez-la en forme de tore. Solte ou ar pelo método de deslocamento de agua, feche e merguhe o saco em banho-maria. Définissez une minuterie pour 2 heures.

Alors que le chronomètre parar, retire le sac et transfira pour un assassin. Mélanger les ingrédients de la glace et le pinceau du bol de viande. Cozinhe sob um frango até comprar a borbulhar.

Steak Embriagado

Temps de préparation + cuisson : 2 heures 15 minutes | Portions : 4

Ingrédients:

1 kilo de boeuf
1 verre de vin tinto
2 colheres de sopa de manteiga
1 cuillerée de sucre
Sal e pimenta preta a gosto

Instructions:

Préparez un banho-maria et du coloke ou sous vide nele. Définissez pour 131 F. Combinez le vin teinté avec des espèces spéciales et déposez-le dans un sac lacrado sous vide. Placez la viande à l'intérieur. Solte ou ar pelo método de deslocamento de agua, feche e merguhe o saco em banho-maria. Définissez une minuterie pour 2 heures. Assurez-vous que le chronomètre apparaisse, retirez le sac. Derreta a manteiga em uma panela e sele a carne por todos os lados por quelques minutes.

Rolo de bife de queijo délicieux

Temps de préparation + cuisson : 75 minutes | Portions : 4

ingrédients

2 piments, en gros morceaux

½ cebola roxa, em fatias finas

2 tasses de soupe d'azéite

Sal e pimenta preta a gosto

1 balance de fraldinha cozida, em fatias finas

4 pãezinhos macios

8 fatias de cheddar queijo

instructions

Préparez un banho-maria et du coloke ou sous vide nele. Ajustez à 186 F. Placez les piments, le cibola et l'azéite dans un sac laqué sous vide. Tempère avec du sel et du piment. Solte ou ar pelo método de deslocamento de agua, feche e merguhe o saco no banho-maria. Cuisson pendant 60 minutes.

Après 55 minutes, placez le bife cozido et merguhe-o. Cociné pour plus de 5 minutes. Feito est donc, retire-toi du saquinho et réserve. Pré-aqueça ou forno à plus de 400 F. Corte os rolinhos hoagie ao meio e cubra com queijo. Faites-le pendant 2 minutes. Transférer pour un prato et couvrir des pimentões, des bifes et des cebolas.

Poitrine de miel et de Dijon

Temps de préparation + cuisson : 48 heures 20 minutes | Portions : 12

ingrédients

6 kilos de peito de boi

2 tasses de soupe d'azéite

4 grandes échalotes, fatiadas

4 dentes de alho descascados et amassados

¼ tasse de vinaigre de maçã

½ tasse de tomate supplémentaire

½ tasse de farine

¼ tasse de moutarde de Dijon

2 tasses d'eau

1 colher de sopa de pimenta preta inteira

2 bagas de pimenta de Jamaïque secas

sal a gosto

instructions

Préparez un banho-maria et du coloke ou sous vide nele. Définir le paragraphe 155 F.

Aqueça o azeite em uma frigideira em fogo alto e sele o peito até dourar dos deux lados. Deixou de lado. Au même réfrigérateur, dans le brouillard moyen, repousser l'oignon pendant 10 minutes.

Mélanger le vinaigre, la farine, l'extrato de tomate, la mostarda, le piment, l'eau, le piment de la Jamaïque et le crabe. Ajouter le mélange d'échalotes. La brume est là. Placez le sein dans un sac sous vide. Solte ou ar pelo método de deslocamento de agua, feche e merguhe o saco no banho-maria. À vivre pendant 48 heures.

Assurez-vous que le chronomètre apparaisse, retirez le sac et séchez la viande. Desceje os sucos do cozimento em un panneaua em fogo alto e cozinhe até que o molho reduza pela metade, 10 minutes. Servir com o peito.

Ensopado de Ribeye avec Alecrim

Temps de préparation + cuisson : 6 heures 35 minutes | Portions : 12

Ingrédients

3 livres de costela de boi avec osso assada
Sal e pimenta preta a gosto
1 cuillerée de pimenta verde
1 colher de sopa de sementes de aipo secas
2 tasses de soupe de tout ce qui est dans le pot
4 ramos d'Alecrim
1 cuillère à soupe de cumin
1 tasse de bouillon de viande
2 blancs d'œufs

instructions

Marinara a carne com sal. Deixe gelar por 12 horas. Préparez un banho-maria et du coloke ou sous vide nele. Définissez para 132 F. Placez la viande dans un sac lacrado sous vide. Solte ou ar pelo método de deslocamento de agua, feche e merguhe o saco no banho-maria. Cozinhe por 6 heures.

Pré-arroser le four à 425 F. Assim que le chronomètre parar, retirer la viande et ensuite. Combinez les piments, les graines d'aipo, alho em pó, cominho et alecrim. Regue a carne assada com uma clara de ovo, mistura de aipo e sal. Placer le rôti dans une rôtissoire et enfourner pendant 10 minutes. Deixe esfriar por 10 minutos e fatie. Emprate a carne e regue com o molho.

Divino Lombo avec Purê de Batata Doce

Temps de préparation + cuisson : 1 heure 20 minutes | Portions : 4

UEingrédients

4 bifes de lombo

2 quilos de batata doce, en cubes

¼ tasse de tempero pour bife

Sal e pimenta preta a gosto

4 cuillères à soupe de beurre

Huile de canola pour rafraîchir

instructions

Préparez un banho-maria et du coloke ou sous vide nele. Définissez pour 129 F. Placez les bifes tempérés dans un sac lacrado sous vide. Solte ou ar pelo método de deslocamento de agua, feche e merguhe o saco no banho-maria. Cozinhe por 1 putain.

Faire bouillir les pommes de terre pendant 15 minutes. Escorra et transfira pour une tigela com manteiga. Amasse et tempère avec du sel et du piment. Assim que le chronomètre parar, retire les bifes et seque. Versez de l'huile sur un panneau dans le brouillard moyen. Refuge pendant 1 minute. Servir avec la purê de batata.

Torta de Carne avec Cogumelos

Temps de préparation + cuisson : 2 heures 40 minutes | Portions : 4

UEingrédients

1 kilo de filet mignon de bovin
Sal e pimenta preta a gosto
2 colhéres de soupe de mostarda Dijon
1 feuille de masse feuilletée décongelée
8 onces de cogumelos cremini
8 onces de shiitake aux champignons
1 échalote, em cubos
3 dents de alho hachées
1 cuillère à soupe de soupe de manteiga
6 fatias de bacon

instructions

Préparez un banho-maria et du coloke ou sous vide nele. Ajustez à 124 F. Tempérez la viande avec du sel, du piment et du coloke dans un sac lacrado sous vide. Solte ou ar pelo método de deslocamento de agua, feche e merguhe o saco no banho-maria. Cozinhe por 2 heures. Placer les champignons dans un robot culinaire et mélanger.

Dans une frigideira quente, cozinhe que chalotas eo alho, quando estivorem macios, addie os cogumelos e cozinhe até que a agua evapore. Ajoutez 1 cuillère à soupe de beurre et faites cuire. Assim que o cronômetro parar, retire a carne e seque.

Aqueça o oleo em a frigideira em fugo médio et sele a carne por 30 segundos de chaque lado. Pincez la viande avec la moutarde de Dijon. Dans un film plastique, disposez-le comme prévu pour le bacon. Placez la viande por cima. Inscrivez-vous et deixe esfriar pendant 20 minutes. Abra a massa folhada e pincele com ovo. Placez la viande à l'intérieur. Eau ou four à 475 F et cuit pendant 10 minutes. Fatie et Sirva.

Hamburgueres de Queijo Classicos

Temps de préparation + cuisson : 1 heure 15 minutes | Portions : 4

Ingrédients

1 livre de viande hachée
2 pains à hamburger
2 fatias de cheddar queijo
Sal e pimenta preta a gosto
Manteiga para sèche

instructions

Préparez un banho-maria et du coloke ou sous vide nele. Ajustez à 137 F. Tempérez la viande avec du sel, du piment et du moule dans les riz. Placez-les dans un sac hermétique. Solte ou ar pelo método de deslocamento de agua, feche e merguhe o saco no banho-maria. Cozinhe por 1 putain.

Pendant ce temps, versez une frigideira et toste os pães com manteiga. Alors que le chronomètre parar, retirez les hambúrgueres et transfira pour une frigideira. Doure pendant 30 secondes chaque fois. Cubra ou hambúrguer com queijo e cozinhe até derreter. Placez le hamburger entre les pâtes et servez.

Macarrão Rib Eye au Couve-Flor

Temps de préparation + cuisson : 2 heures 10 minutes | Portions : 2

Ingrédients

2 bifes de costela

8 onces de macarrão, cozido et escorido

2 tasses d'huile

2 tasses de couve-flor cozida et escorrida

1 oignon, tranché

2 tasses de caldo de galinha morno

2 colheres de amido de milho

Sal e pimenta preta a gosto

instructions

Préparez un banho-maria et du coloke ou sous vide nele. Définissez par 134 F. Placez le vieux lombo dans un sac lacrado sous vide. Solte ou ar pelo método de deslocamento de agua, feche e merguhe o saco em banho-maria. Cuire pendant 1 à 2 heures. Dans une tige, une couche de chaleur et d'ami de milho.

Mettez de l'eau ou de l'huile au réfrigérateur et faites frire le macarrão pendant 5 minutes ; les a laissés mentir. Ajoutez un oignon et un chou-fleur et faites frire avec une mistura de frango. Cozinhe até grossistes. Depois de pronto, seque a costela. Tempère avec du sel et du piment. Transférer au réfrigérateur et attacher 1 minute de chaque côté. Avec une tigela, du macarrão de coloke, des légumineuses et du bife. Tempère avec du sel et du piment.

Tacos au faux-filet au Kimchi avec Abacate

Temps de préparation + cuisson : 2 heures 25 minutes | Portions : 4

Ingrédients

2 livres de costela curta, em fatias finas

½ tasse de sauce soja

3 talos de cebolinha verde fatiados

1 bouteille de soupe de molho Tabasco

6 dents de alho hachées

2 cuillères à soupe de sucre mascavo

curcuma de 1 polegada, ralada

1 tasse de soupe à l'huile de sésame

½ cuillère à café de poudre de piment rouge

8 tortillas de millet

Kimchi pour couverture

1 avocat tranché

instructions

Préparez un banho-maria et du coloke ou sous vide nele. Définir le paragraphe 138 F.

Ajoutez un panneau dans le brouillard moyen et la bouillie de soja, de cielo verde, d'alho, de molho tabasco, d'açúcar mascavo, d'açafrão, de piment vermelha en pó et d'huile de gergelim. Cozinhe até que l'açúcar se dissolve. Deixe esfriar.

Placer le mélange de molho dans un sac sous vide scellé. Solte ou ar pelo método de deslocamento de agua, feche e merguhe o saco no banho-maria. Cozinhe por 2 heures. Lorsque le chronomètre apparaît, retirez le molho et transférez-le vers un panneau pour le réduire. Avec du grelha, du coloke ou des côtes levées et du cozinhe até ficar crocante. Piquez comme costelas em cubos. Crie un taco comme une tortilha, une viande et un abacate. Décorer avec du Kimchi et du molho picante.

Lombo facile à préparer avec du lait de piment de Cayenne

Temps de préparation + cozimento : 55 minutes | Portions : 2

UEingrédients

16 bifes de lombo de vaca

¼ cuillère à café de poivre de Cayenne

Sal e pimenta preta a gosto

½ colher de soupe de manteiga

½ tasse de soupe d'azéite

2 colheres de sopa de cebola, finement hachées

1 dent de alho, picado

¼ tasse de xérès

2 tasses de soupe de vinaigre balsamico

1 piment calabrais

¼ tasse d'eau

1 tasse de soupe de pâtes à la tomate

1 cuillère à café de sauce soja

1 colher de soupe de melaço

1 tasse de soupe à l'huile végétale

Coriandre, picado, pour décorer

instructions

Préparez un banho-maria et du coloke ou sous vide nele. Définir le paragraphe 125 F.

Mélangez le bife avec le piment chipotle, salez le piment et placez-le dans un sac lacrado sous vide. Solte ou ar pelo método de deslocamento de agua, feche e merguhe o saco em banho-maria. Cuire 40 minutes.

Pendant ce temps, préparez le molho aquecendo uma frigideira em fogo médio. Ajouter le beurre et l'oignon et cuire jusqu'à ce qu'ils soient amolés. Junte o alho e cozinhe por mais 1 minuto. Despeje o xerez e cozinhe até reduzar. Despeje ou vinaigre balsamico, poivre de Cayenne, eau, extrait de tomate, sauce soja et melaço. Messer. Grelhe a été engrossar.

Lorsque le chronomètre apparaît, retirez la bife et transférez-la vers une frigidaire arrosée avec une couche de brouillard haut et sélectionnée pendant 1 minute. Cubra com o molho e decor com cientro para servir.

lit avec tout le monde

Temps de préparation + cuisson : 1 heure 25 minutes | Portions : 4

Ingrédients:

1 balance de litto de bezerro, em fatias finas

3 tasses de soupe d'azéite

2 dentes de alho, esmagados

1 colher de sopa de hortelã fresca, finement haché

2 cuillères à café de poivre de Cayenne moulu

1 cuillère à soupe de sel

1 colher de cha de mistura de temperos Italianos

Instructions:

Faire un bain d'eau, placer sous vide et régler à 129 F. Laver le foie à l'eau courante. Certifiez-vous de laver tous les restes de sang. Seque com papel de cozinha. En utilisant une face afiada, retirez tout comme vous le souhaitez, se houver. Corte transversalmente em fatias finas.

Ensuite, avec une tigela pequena, du mélange d'azéite, d'alho, d'hortelã, de pimenta caiena, ou de sal eo tempero Italiano. Misture até incorporer bem. Badigeonnez généreusement les tranches de foie de ce mélange et laissez reposer 30 minutes au réfrigérateur.

Retirez le réfrigérateur et placez-le dans un grand sac pouvant être scellé sous vide.

Libérez ou utilisez la méthode de localisation de l'eau et sélectionnez les sacs. Mélangez les aliments avec la banho-maria et réglez la minuterie sur 40 minutes.

Alors que le chronomètre parar, retirez la banho-maria et ouvrez le sac. Mettez une grande frigidaire avec un sachet d'huile et de colle comme des graisses de lit de viande. En résumé, je dois faire deux fois pendant 2 minutes. Reguem com azeite extra virgem e sirva com pão.

Vitella Crémosa Marsala

Temps de préparation + cuisson : 1 heure 35 minutes | Portions : 4

Ingrédients

1 kilo de bifes de vitele

2 colheres de alho sal

2 tasses de cogumelos Enoki em fatias finas

½ tasse de crème de lait

1 échalote, em fatias finas

3 cuillères à soupe de soupe Marsala

2 colheres de sopa de manteiga

1 cuillère à café de piment preta

2 ramos de salvia fraîche

2 colheres de sopa de cebolinha, bien

instructions

Préparez un banho-maria et du coloke ou sous vide nele. Définir le paragraphe 138 F.

Tempérer le vitela avec de la vente et de l'alho e coleco-a com os cogumelos, natas, marsala, pimenta, manteiga e tomilho num saco fechado a vide. Solte ou ar pelo método de deslocamento de agua, feche e merguhe o saco no banho-maria. Cuisson pendant 90 minutes.

Lorsque le chronomètre apparaît, retirez le sac et transférez-le pour un plat de service. Descartez la salvia et réservez les liquides du cozimento. Faites chauffer une plaque à feu moyen, ajoutez le liquide de cuisson et laissez cuire 5 minutes. Abaixe o fogo e accrescente a vitela. Servir une vitela com arroz. Décorez avec cebolinha.

Costeletas de Vitela et Cogumelos au Vinho Branco

Temps de préparation + cuisson : 3 heures 20 minutes | Portions : 4

Ingrédients:

1 balance de cortes de vitela magra, cortados em pedachus pequenos

4 tasses de champignons tranchés

3 grandes ceintures coupées en tiges

1 tasse de raiz de aipo, finement haché

2 colheres de sopa de manteiga, amolécide

1 tasse de soupe d'azéite extra vierge

1 cuillerée de poivre de Cayenne

Sal e pimenta preta a gosto

¼ tasse de vin blanc

Un punhado de folhas frescas de aipo, picadas

Instructions:

Préparez un bain-marie, placez-le sous vide et ajustez-le à 144 F.

Dans une tigela grande, mélange de viande avec des cogumelos, cenoura fatiada, raiz de aipo, azeite, pimenta caiena, sal e pimenta-do-reino. Bien mélanger et transférer dans un grand sac pouvant être aspiré. Mélangez le sac selado dans le banho-maria et cozinhe pendant 3 heures.

Ensuite, retirez-vous à la viande du sac et continuez. Réservez les liquéfidos do cozimento. Derreta a manteiga em uma panela grande. Cociner les liquides de cozimento a été légèrement absorbé. Versez le vin blanc et laissez fermenter 1 minute. Polvilhe com folhas de aipo finement haché et servi chaud avec du molho à parte.

Refogado de Brocolis Lumière

Temps de préparation + cozimento : 45 minutes | Portions : 4

Ingrédients

1 livre de brocoli frais
¼ tasse de manteiga, derretida
Sal e pimenta preta a gosto

instructions

Préparez un banho-maria et du coloke ou sous vide nele. Définir le paragraphe 183 F.

Coupez le brocoli dans quatre quarts. Placez-les dans un sac hermétique. Tempère avec du sel et du piment. Ajoutez une manteiga. Solte ou ar pelo método de deslocamento de agua, feche e merguhe o saco no banho-maria. Cuire 30 minutes. Assurez-vous que le chronomètre apparaisse, retirez le sac. Sert

Goulasch de chou au pimentão

Temps de préparation + cuisson : 1 heure 15 minutes | Portions : 2

Ingrédients

2 livres de chou blanc haché

2 tasses de soupe d'azéite

sal a gosto

¼ tasse de sauce de poisson

2 cuillères à soupe d'eau

1½ cuillères à soupe de sucre cristallisé

1 tasse de soupe de vinaigre de riz

1½ cuillères à café de jus de citron vert

12 unités de piment en fin de compte

1 dente de alho pequeno hachée

hortelã fresca picada

picado à la coriandre fraîche

instructions

Préparez un banho-maria et du coloke ou sous vide nele. Définir le paragraphe 183 F.

Junte a couve, o azeite eo sal. Placez-les dans un sac hermétique. Solte ou ar pelo método de deslocamento de agua, feche e merguhe o saco no banho-maria. Cuire 50 minutes. Pour le vinaigre, dans une tige, de la bouillie de poisson, de l'eau, de l'eau, du vinaigre de riz, du sucre de citron vert, ou de tout ce qui est du piment.

Alors que le chronomètre parar, retirez le sac et transférez pour une feuille d'aluminium et d'eau. Sélectionnez ou replongez pendant 5 minutes. Servez-les uma tigela com o vinagrete. Cubra com hortelã e coentro.

Pilaf de arroz et alho-poró avec nez

Temps de préparation + cuisson : 3 heures 15 minutes | Portions : 4

Ingrédients

1 cuillère à soupe d'huile d'olive

1 alho-poró, em fatias finas

1 alho picado dente

sal a gosto

1 tasse d'arroz selvagem lavado

¼ tasse de groseille

2 tasses de bouillon de légumineuses

¼ tasse de nozes, tordadas e picadas

instructions

Préparez un banho-maria et du coloke ou sous vide nele. Définir le paragraphe 182 F.

Aqueça uma panela em fogo médio com oleo. Junte ou alho, o alho poró et 1/2 colher de sopa de sal. Cozinhe até que o alho-poró esteja parfumado. Retraite fais brouillard. Ajout de arroz e comme passas. La brume est là. Placer le mélange dans un sac scellé sous vide. Solte ou ar pelo método de deslocamento de agua, feche e merguhe o saco no banho-maria. Cozinhe por 3 heures.

Alors que le chronomètre parar, retirez le sac et transfira pour une tige. Cubra avec des nez.

Bandeja de Tangerina et Feijão Verde avec Avelãs

Temps de préparation + cuisson : 1 heure 20 minutes | Portions : 9)

Ingrédients

1 balance de feijão verde, parée
2 petites mandarines
2 colheres de sopa de manteiga
sal a gosto
2 onces d'Avelãs

instructions

Préparez un banho-maria et du coloke ou sous vide nele. Définir le paragraphe 186 F.

Junte o feijão verde, a manteiga eo sal. Placez-les dans un sac hermétique. Descasque uma das tangerinas por dentro. Solte ou ar pelo método de deslocamento de agua, feche e merguhe o saco no banho-maria. Cuisson pendant 60 minutes.

Assurez-vous que le chronomètre apparaisse, retirez le sac. Pré-aqueça ou forno à 400 F. et toste comme prévu pendant 7 minutes.

Descendez et piquez et couvrez les feijões avec des avelãs et des raspas de tangerina.

Crème de Ervilha Doce Noz moscada

Temps de préparation + cuisson : 1 heure 10 minutes | Portions : 8)

Ingrédients

1 balance de ervilha doce fresca congelée
1 tasse de crème meio a meio
¼ tasse de beurre
1 colher d'amido de milho
¼ colher de chá de noz-moscada moulu
4 mercis
2 feuilles de Louro
Pimenta preta a gosto

instructions

Préparez un banho-maria et du coloke ou sous vide nele. Définir le paragraphe 183 F.

Dans une tigela, de la bouillie ou de la crème de lait, une nouvelle moscada et du milieu de lait. La brume a été dissoute ou mélangée à du mil. Placer le mélange et le reste des ingrédients dans un sac sous vide. Solte ou ar pelo método de deslocamento de agua, feche e merguhe o saco no banho-maria. Cozinhe por 1 putain.

Assurez-vous que le chronomètre apparaisse, retirez le sac. Cubra comp pimenta preta.

Miso de abobrinha à la pâte de sésame

Temps de préparation + cuisson : 3 heures 15 minutes | Portions : 2

Ingrédients

1 abobrinha, tranchée

¼ tasse de miso blanc

2 colheres de sopa de tempero Italiano

2 cuillères à soupe de saké

1 cuillerée de sucre

1 colher de cha de oleo de germ gelim

sal a gosto

2 colheres de sopa de sementes de gergelim, séchées

2 colheres de sopa de cebolinha, em fatias finas

instructions

Préparez un banho-maria et du coloke ou sous vide nele. Définir le paragraphe 186 F.

Placez l'abobrinha dans un sac lacrado sous vide. Solte ou ar pelo método de deslocamento de agua, feche e merguhe o saco no banho-maria. Cozinhe por 3 heures.

Alors que le chronomètre parar, retire le sac et transfira pour un assassin. Descartes ou suco do cozimento. Pour le lait de missô, la misture ou le missô, le saké, l'açúcar, le tempère italien et l'huile de gergelim dans une tigela petite. Bata até ficar homogêneo. Pincele abobrinha com o molho et caraméliser pendant 3-5 minutes. Sirva em uma travessa e cubra com sementes de gergelim.

Cenoura Agave Amanteigada

Temps de préparation + cuisson : 1 heure 25 minutes | Portions : 4

Ingrédients

1 bébé Balance de Cenoura
4 colheres de sopa de manteiga vegana
1 colher de soupe de nectar d'agave
sal a gosto
¼ colher de chá de noz-moscada moulu

instructions

Préparez un banho-maria et du coloke ou sous vide nele. Définir le paragraphe 186 F.

Ajoutez du cenouras, de la farine, de la manteiga intégrale, du sel casher et de la mosquée dans un sac laqué sous vide. Solte ou ar pelo método de deslocamento de agua, feche e merguhe o saco no banho-maria. Cuisson pendant 75 minutes.

Assurez-vous que le chronomètre parar, retirez le sac et escortez les sucos do cozimento. Deixou de lado. Transférer comme cenouras pour une travessa et regue com os sucos.

Alcachofras Amanteigadas com Limão e Alho

Temps de préparation + cuisson : 1 heure 45 minutes | Portions : 4

Ingrédients

4 tasses de soupe de sumo de citron vert

12 bébé d'Alcachofra

4 cuillères à soupe de beurre

2 dentes de alho fresco hachées

1 cuillère à café de zeste de citron fraîchement râpé

Sal, un goto

1 colher de cha de endro

Pimenta preta moida, un gosto

Salsa fresca picada pour servir

instructions

Préparez un banho-maria et du coloke ou sous vide nele. Ajuster à 182 F. Mélanger l'eau gratuite avec 2 cuillères à soupe de jus de citron. Descasque comme alcachofras e pique finalement. Transférer dans l'eau et laisser reposer.

Versez-le dans une réfrigérateur dans le brouillard moyen et placez-le sur l'endro, ou avec 2 cuillères de soupe de sucre au citron vert et râpées. Tempérer avec du sel et du piment, puis laisser refroidir pendant 5 minutes.

Escorra les alcachofras et la coloke dans un sac lacrado sous vide. Ajoutez un mélange de beurre. Solte ou ar pelo método de deslocamento de agua, feche e merguhe o saco no banho-maria. Cuire 1 heure et 30 minutes. Assim que o cronômetro parar, se retirer comme alcachofras e sirva em uma tigela. Cubra avec salsa.

Tofu De Tomate Et Agave

Temps de préparation + cuisson : 1 heure 45 minutes | Portions : 6

Ingrédients

1 tasse de bouillon de légumineuses

2 tasses de soupe de pâtes à la tomate

1 cuillère à soupe de soupe de curcuma en pó

1 tasse de soupe de vinaigre de vinho de riz

1 colher de soupe de nectar d'agave

2 cuillerées de sauce molho sriracha

3 dents de alho hachées

1 cuillère à café de sauce soja

24 onces de tofu sedoso, en cubes

instructions

Préparez un banho-maria et du coloke ou sous vide nele. Définissez pour 186 F. Combinez tous les ingrédients dans une tige, à l'exception du tofu.

Placez le tofu dans un sac sous vide. Ajoutez un mélange. Solte ou ar pelo método de deslocamento de agua, feche e merguhe o saco no banho-maria. Cuire 1 heure et 30 minutes. Assurez-vous que le chronomètre apparaisse, retirez le sac. Sert.

Cebola Grelhada au Pesto de Girassol

Temps de préparation + cuisson : 2 heures 25 minutes | Portions : 4

Ingrédients

1 maço de cebolinhas grandes, aparadas e cortadas ao meio
½ tasse de maïs 2 cuillères à soupe d'huile d'olive
Sal e pimenta preta a gosto
2 cuillères à soupe de graines de tournesol
2 dents d'alho, pelées
3 tasses de feuilles fraîches de manjericão, légèrement tassées
3 cuillerées de fromage grana padano râpé
1 bouteille de soupe de suco de citron vert préparée à l'heure

instructions

Préparez un banho-maria et du coloke ou sous vide nele. Définir le paragraphe 183 F.

Placer les oignons dans un sac sous vide fermé. Tempérer avec du sel, du piment et 2 colheres de soupe d'azéite. Solte ou ar pelo método de deslocamento de agua, feche e merguhe o saco no banho-maria. Cozinhe por 2 heures.

Pendant ce temps, pour le molho pesto, mélangez-le dans un processeur d'aliments comme des graines de girassol, ou bien avec le mélange et la pâte est ficarnée dans le picado. Ajout soigneusement de l'huile restante. Ajouter le jus de citron vert et parer. Tempère avec du sel et du piment. Deixou de lado.

Dès que la minuterie s'active, retirez le sac, transférez les oignons au réfrigérateur et laissez cuire 10 minutes. Servir le cubra avec le molho pesto.

Prato De Beterraba Doce

Temps de préparation + cuisson : 1 heure 45 minutes | Portions : 4

Ingrédients

1 balance de betterraba vermelha, déversée et cortada en quartos
2 colheres de sopa de manteiga
2 laranjas descascadas, picadas
1 cuillère à soupe de farine
3 tasses de soupe de vinaigre balsamico
4 tasses de soupe d'azéite
Sal e pimenta preta a gosto
6 onces de feuilles de luzerne romana
½ tasse de pistaches hachées
½ tasse de fromage pecorino romano

instructions

Préparez un banho-maria et du coloke ou sous vide nele. Définir le paragraphe 182 F.

Placez la betterave rouge dans un sachet sous vide. Ajout à la manteiga Solte ou à la méthode de localisation de l'eau, pêcher et merguhe ou sac dans le banho-maria. Cuisson pendant 90 minutes.

Assurez-vous que le chronomètre parar, retirez le sac et jetez les sucos do cozimento. Mélange de farine, d'azéite et de vinaigre. Tempère avec du sel et du piment. Jouez comme des gens d'alface, de laranja, de betterraba et de vinagrete. Décorer de pistaches et de pecorino romano.

Grãos de Queijo Provolone

Temps de préparation + cuisson : 3 heures 20 minutes | Portions : 4

Ingrédients

1 tasse de céréales

1 tasse de crème

3 tasses de bouillon de légumineuses

2 colheres de sopa de manteiga

4 onces de fromage provolone râpé

1 cuillerée de paprika

Queijo supplémentaire pour décorer

Sal e pimenta preta a gosto

instructions

Préparez un banho-maria et du coloke ou sous vide nele. Définir pour 182 F. Mélanger les grains, la crème et le caldo de légumineuses. Piquez la manteiga et ajoutez à la brume. Placer le mélange dans un sac hermétique. Solte ou ar pelo método de deslocamento de agua, feche e merguhe o saco no banho-maria. Cozinhe por 3 heures.

Quand le chronomètre apparaît, retirez le sac et transférez-le vers une tige. Mexa a mistura com o queijo e tempere com salt e pimenta. Décorez avec du queijo extra et du paprica, voir préférences.

Funcho em conserva sem estão com limão

Temps de préparation + cozimento : 40 minutes | Portions : 8)

Ingrédients

1 tasse de vinaigre matcha

2 cuillères à soupe de sucre

Sumo et raspas de 1 citron vert

sal a gosto

2 bulbes d'erva-doce, fatiados

½ colher de chá de sementes de erva doce, esmagadas

instructions

Préparez un banho-maria et du coloke ou sous vide nele. Ajuster à 182 F. Mélanger le vinaigre, l'açúcar, le sucre de citron vert, le sel, les raspas de citron vert et les graines de erva doce. Placer le mélange dans un sac scellé sous vide. Solte ou ar pelo método de deslocamento de agua, feche e merguhe o saco no banho-maria. Cuire 30 minutes. Dès que le minuteur s'appaire, retirez le sachet et transférez-le dans un bain d'eau glacée. Deixe esfriar.

Rabe de Brocoli Simples

Temps de préparation + cozimento : 20 minutes | Portions : 2

Ingrédients

½ kilo de brocoli-rave

1 colher de alho em pó

1 colher de soupe de manteiga vegana

½ colher de sel marinho

¼ cuillère à café de pimenta preta

instructions

Préparez un banho-maria et du coloke ou sous vide nele. Définir le paragraphe 192 F.

Mettez le brocolis râpé, ou encore dans la poêle, ou le sel mariné et le piment de roi dans un sac laqué sous vide. Solte ou ar pelo método de deslocamento de agua, feche e merguhe o saco no banho-maria. Cuire 4 minutes. Assurez-vous que le chronomètre apparaisse, retirez les brocolis pour un plat de service.

Batatas truffadas com alho

Temps de préparation + cuisson : 1 heure 50 minutes | Portions : 4

Ingrédients

8 onces de tranches de patate douce rouge
3 colheres de sopa de manteiga de trufa branca
1 tasse de soupe d'azéite truffée
Sal e pimenta preta a gosto
1 dent de alho, picado

instructions

Préparez un banho-maria et du coloke ou sous vide nele. Définir le paragraphe 182 F.

Placez une manteiga truffée, tandis que les pâtes vermelhas et l'huile truffées dans un sac laqué sous vide. Tempère avec du sel et du piment. Agite-les. Solte ou ar pelo método de deslocamento de agua, feche e merguhe o saco no banho-maria. Cuisson pendant 90 minutes. Alors que le chronomètre parar, retirez-vous en batatas et transfira pour une frigideira quente. Cuire encore 5 minutes jusqu'à ce que le liquide s'évapore.

Jardin Picante Caseiro

Temps de préparation + cuisson : 1 heure 20 minutes | Portions : 8)

Ingrédients

2 tasses de vinaigre de vin blanc

1 tasse d'eau

½ tasse de sucre

sal a gosto

1 colher de sopa de pimenta preta inteira

2 livres de couve de Bruxelles, desfiada

1 piment semences, haché

1 tasse de carottes, hachées

½ cebola branca em fatias finas

2 piments serrano avec sementes picadas

instructions

Préparez un banho-maria et du coloke ou sous vide nele. Définir le paragraphe 182 F.

Mélangez le vinaigre, l'açúcar, le sal, l'eau, le piment, la couve de Bruxelles, la cebola, le piment serrano, le piment et la cenoura dans un sac laqué sous vide. Choisissez ou utilisez la méthode de déplacement de l'eau, sélectionnez et fusionnez sans banho. Cuisson pendant 60 minutes. Alors que le chronomètre parar, retirez le sac et transfira pour une tige.

Tomates picantes saborosos

Temps de préparation + cozimento : 60 minutes | Portions : 4

Ingrédients

4 unités de tomates semment et dans des cubes
2 tasses de soupe d'azéite
3 dents de alho hachées
1 cuillère à café d'origan séché
1 colher d'Alecrim
1 collier de cha de sel marinho fino

instructions

Préparez un bain maria et placez-le sous vide. Définissez par 146 F. Placez tous les ingrédients dans un sac lacrado sous vide. Choisissez ou utilisez la méthode de déplacement de l'eau, sélectionnez et fusionnez sans banho. Cuire 45 minutes. Assurez-vous que le chronomètre apparaisse, retirez les tomates et transférez-les pour un plat. Servir avec des torradas de fatias de pão francês.

Molho Alfredo de Legumes Fácil

Temps de préparation + cuisson : 1 heure 45 minutes | Portions : 6

Ingrédients

4 tasses de picada couve-flor

2 tasses d'eau

2/3 tasse de flocons d'avoine

2 dents de chaque

½ cuillère à café d'origan séché

½ cuillerée de thé manjericão sec

½ colher de cha de alecrim seco

4 cuillerées de soupe de levure nutritionnelle

Sal e pimenta preta a gosto

instructions

Préparez un banho-maria et du coloke ou sous vide nele. Définir le paragraphe 172 F.

Placer comme avelãs, couve-flor, orégano, agua, alho, alecrim et manjericão dans un sac mis sous vide. Solte ou ar pelo método de deslocamento de agua, feche e merguhe o saco no banho-maria. Cuisson pendant 90 minutes.

Alors que le chronomètre parar, retire le contenu et transfère pour un liquidateur et bata até formar un purê. Servir avec du macarão.

Adorable Ensopado de Feijão et Cenoura

Temps de préparation + cuisson : 3 heures 15 minutes | Portions : 8)

Ingrédients

1 tasse de feijão séché, de molho pendant la nuit

1 tasse d'eau

½ tasse d'huile d'olive

1 cénoura, picada

1 talo d'aipo, picado

1 échalote esquartejada

4 dents de tout amassé

Fresque de 2 ramos de Alecrim

2 feuilles de Louro

Sal e pimenta preta, a gosto

instructions

Préparez un banho-maria et du coloke ou sous vide nele. Définir le paragraphe 192 F.

C'est du feijão et du lave-o. Placez-les dans un sac rempli de vide avec de l'essence, de l'aipo, de l'eau, de la cenoura, de la chaleur, de l'alho, de l'alecrim et du louro. Tempère avec du sel et du piment. Solte ou ar pelo método de deslocamento de agua, feche e merguhe o saco no banho-maria. Cuire 180 minutes.

Alors que le chronomètre parar, retirez les feijões. Descartes comme folhas de louro et alecrim.

Salade facile de Dois Feijões

Temps de préparation + cuisson : 7 heures 10 minutes | Portions : 6

Ingrédients

4 onces de feijão preto seco

4 onces de feijão séché

4 tasses d'eau

1 échalote picada

sal a gosto

1 cuillerée de sucre

1 colher de soupe de champagne

3 tasses de soupe d'azéite

instructions

Préparez un banho-maria et du coloke ou sous vide nele. Définir pour 90 F. Mélanger le feijão preto, 3 tasses d'eau et le feijão avec 4-6 frascos de pedreiro. Feche et fusionner les frascos no banho-maria. Cozinhe por 2 heures.

Assurez-vous que le chronomètre parar, retirez les potes et les cubra avec des chalotas, sal casher et açúcar. Dixième téléchargement. Feche et mergulhe novamente no banho-maria. Cociné pendant 4 heures.

Assurez-vous que le chronomètre apparaisse, supprimez les frascos et deixe esfriar por 1 hora. Ajout d'azéite, de champanhe et d'agitation. Transfert pour une tigela et un monsieur.

Delicioso Ensopado Vegano avec Cannellini Feijão

Temps de préparation + cuisson : 3 heures 15 minutes | Portions : 8)

Ingrédients

1 tasse de cannellini feijão, trempés pendant la nuit
1 tasse d'eau
½ tasse d'huile d'olive
1 cenoura descascada, picada
1 talo d'aipo picado
1 échalote esquartejada
4 dents de tout amassado
Fresque de 2 ramos de Alecrim
2 feuilles de Louro
Sal e pimenta preta a gosto

instructions

Préparez un banho-maria et du coloke ou sous vide nele. Définir le paragraphe 192 F.

Coe et lave ou feijão et coloke avec les ingrédients restants dans le sac à mettre sous vide. Solte ou ar pelo método de deslocamento de agua, feche e merguhe o saco no banho-maria. Cozinhe por 3 heures.

Alors que le chronomètre parar, retirez le sac et piquez la consistance. Se quiser more macio cozinhe por more 1 hora. Feito est donc, transfert pour une tigela.

Cenouras em conserva vitrificadas

Temps de préparation + cuisson : 1 heure 45 minutes | Portions : 1)

Ingrédients

1 tasse de vinaigre de vin blanc
½ tasse de sucre de betterave
sal a gosto
1 cuillère à café de piment preta
1/3 tasse d'eau glacée
10 cenoura décascadées
4 ramos de salvia fraîche
2 dents de l'autre descascados

instructions

Préparez un banho-maria et du coloke ou sous vide nele. Définir le paragraphe 192 F.

Aqueça uma panela em fogo médio et coluce o vinaigre, o sel, o acucar a pimenta-do-reino. Mexa bem até ferver eo açúcar voir dissolver. Retirez le brouillard et retirez l'eau froide. Deixe esfriar.

Mettez de la salvia, une carotte, ou encore une bouillie dans un sac mis sous vide. Solte ou ar pelo método de deslocamento de agua, feche e merguhe o saco no banho-maria. Cuisson pendant 90 minutes.

Dès que le minuteur s'appaire, retirez le sachet et transférez-le dans un bain d'eau glacée. Embrassez et servez.

Tofu délicieux avec Molho Sriracha

Temps de préparation + cuisson : 1 heure 10 minutes | Portions : 10)

Ingrédients

1 tasse de bouillon de légumineuses
2 tasses de soupe de pâtes à la tomate
1 tasse de soupe de Gengibre Ralado
1 colher de sopa de noz-moscada moisida
1 tasse de soupe de vinho de arroz
1 tasse de soupe de vinaigre de vinho de riz
1 colher de soupe de nectar d'agave
2 cuillères à soupe de sauce Sriracha
3 dents de alho hachées
2 caixas de tofu en cubes

instructions

Préparez un banho-maria et du coloke ou sous vide nele. Définir le paragraphe 186 F.

Mélangez tous les ingrédients, moins le tofu. Placer le tofu avec le mélange dans un sac sous vide. Solte ou ar pelo método de deslocamento de agua, feche e merguhe o saco no banho-maria.

Cuisson pendant 60 minutes. Quand le chronomètre apparaît, retirez le sac et transférez-le vers une tige.

Salade de roquette avec queijo et beterraba

Temps de préparation + cuisson : 1 heure 10 minutes | Portions : 4

Ingrédients

1 balance de beteraba bébé, picada
sal a gosto
½ tasse de bébé rocula
¼ kilo de fromage à la crème
2 mandarines cortadas em rodelas
¼ tasse d'amandes feuilletées

instructions

Préparez un banho-maria et du coloke ou sous vide nele. Définir le paragraphe 182 F.

Tempérer le meilleur avec du sel. Placez-les dans un sachet sous vide avec du jus d'orange. Solte ou ar pelo método de deslocamento de agua, feche e merguhe o saco no banho-maria. Cuisson pendant 60 minutes.

Assim que o cronômetro parar, retrait as beterabas e descarte o suco. Transférer les plats de service et décorer avec le fromage à la crème, les tranches de mandarine, la rúcula et les amêndoas.

Molho de Feijão Neve com Alho

Temps de préparation + cuisson : 1 heure 50 minutes | Portions : 4

Ingrédients

4 tasses de feijão blanc partido ao meio

3 dents de alho hachées

2 tasses de cha de vinaigre de vinho de riz

1½ colher de sopa de molho de feijão preto préparé

1 cuillère à soupe d'huile d'olive

Directions

Préparez un banho-maria et du coloke ou sous vide nele. Définissez pour 172 F. Mélangez tous les ingrédients avec les fruits de neige et le chocolat dans un sac laqué sous vide. Solte ou ar pelo método de deslocamento de agua, feche e merguhe o saco no banho-maria. Cuire 1 heure et 30 minutes. Assim que le cronômetro parar, retirer le sac et servira quente.

Feijão preto picante

Temps de préparation + cuisson : 6 heures 15 minutes | Portions : 6

Ingrédients

1 tasse de feijão preto seco

3 tasses d'eau

1/3 tasse de jus de citron vert

2 cuillères à soupe de zeste de citron vert

sal a gosto

1 cuillère à soupe de cumin

½ colher de cha de pimenta chipotle en pó

instructions

Préparez un bain maria et placez-le sous vide. Définissez le paragraphe 193 F. Placez tous les ingrédients dans un sac lacrado sous vide. Solte ou ar pelo método de deslocamento de agua, feche e merguhe o saco no banho-maria. Cozinhe por 6 heures. Alors que le chronomètre apparaît, retirez le sac et transférez-le pour un panneau lorsqu'il est dans le brouillard moyen et cozinhe até reduzir. Retire do fogo e serva.

Herby Cogumelos Balsâmicos avec Alho

Temps de préparation + cuisson : 1 heure 15 minutes | Portions : 4

Ingrédients

1 balance de cogumelos Portobello, tranchée

1 cuillère à soupe d'huile d'olive

1 tasse de soupe de vinaigre balsamique de maçã

1 alho picado dente

sal a gosto

1 cuillère à café de piment preta

1 colher de cha de thym fresco haché

instructions

Préparez un banho-maria et du coloke ou sous vide nele. Définir le paragraphe 138 F.

Mélangez tous les ingrédients et le coloke dans un sac laqué sous vide. Solte ou ar pelo método de deslocamento de agua, feche e merguhe o saco no banho-maria. Cuisson pendant 60 minutes. Quand le chronomètre apparaît, retirez le sac et transférez-le vers une tige.

Purê de Batata Crocante avec Alho

Temps de préparation + cuisson : 1 heure 20 minutes | Portions : 2

Ingrédients

1 kilo de patate douce
5 dents de tout amassé
2 tasses de soupe d'azéite
sal a gosto
1 colher de chá de alecrim, haché

instructions

Préparez un banho-maria et du coloke ou sous vide nele. Définissez pour 192 F. Mélangez tous les ingrédients et mettez-les dans un sac laqué sous vide. Solte ou ar pelo método de deslocamento de agua, feche e merguhe o saco no banho-maria. Cozinhe por 1 putain.

Alors que le chronomètre parar, retirez-vous en batatas et transfira pour une assiette doublée de papier d'aluminium. Corte as batatas em rodelas e regue com azeite de alho. Cuire pendant 10 minutes au four à 380 F. Décorer avec de l'alecrim.

Mistura de vegetais de raiz

Temps de préparation + cuisson : 3 heures 15 minutes | Portions : 4

Ingrédients

1 voisin, picado

1 picada de rutabaga

8 picadas de carottes

1 panais, picada

½ cebola doce, picada

4 dents de alho, hachées

Fresque des 4 ramos de Alecrim

2 tasses de soupe d'azéite

Sal e pimenta preta a gosto

2 colheres de sopa de manteiga vegana

instructions

Préparez un banho-maria et du coloke ou sous vide nele. Définir le paragraphe 186 F.

Placez-les dans un sac mis sous vide avec les légumineuses et l'alecrim. Ajoutez 1 cuillère à soupe d'huile et assaisonnez de sel et de poivre. Solte ou ar pelo método de deslocamento de agua, feche e merguhe o saco no banho-maria. Cozinhe por 3 heures. Faites couler un panneau dans le brouillard haut.

Alors que le chronomètre apparaît, retirez le sac et transférez le contenu au panneau. Cuire 5 minutes jusqu'à réduction. Ajoutez les légumineuses et mélangez bien. Poursuivez la cuisson 5 minutes. Sert.

Prato Tailandês De Abóbora

Temps de préparation + cuisson : 2 heures et 20 minutes | Portions : 6

Ingrédients

1 média abóbora
2 colheres de sopa de manteiga vegana
2 colheres de sopa de curry thailandês
sal a gosto
Fresque de coriandre pour servir
Rodelas de Lima pour servir

instructions

Préparez un banho-maria et du coloke ou sous vide nele. Définir le paragraphe 186 F.

Courez à l'abóbora em rodelas et retirez-vous en silence. Réserver comme sementes. Placez les fatias de abóbora, les pâtes au curry, la manteiga et le sel dans un sac lacrado sous vide. Solte ou ar pelo método de deslocamento de agua, feche e merguhe o saco no banho-maria. Cuisson pendant 90 minutes.

Alors que le chronomètre parar, retirez le sac et abóbora até ficar macia. Si nécessaire, laissez-le pendant plus de 40 minutes.

Transférer sur le plat de service et le cube avec le molho de curry. Décorer de coriandre et de tranches de citron vert.

Pepinos em conserva

Temps de préparation + cozimento : 30 minutes | Portions : 6

Ingrédients

1 tasse de vinaigre de vin blanc

½ tasse de sucre

sal a gosto

1 colher de soupe de cornichons

2 pépins anglais fatiados

½ cebola branca em rodelas finas

3 cuillères à café de graines d'endo

2 colheres de pimenta preta

6 dents d'alho, pelées

instructions

Préparez un banho-maria et du coloke ou sous vide nele. Définir le paragraphe 182 F.

Mélanger l'açúcar, le vinaigre, le sal, les cornichons, les graines d'endro, le piment preta, le pepino, le cebola et l'alho et mettre dans un sac lacrado sous vide. Libérez ou utilisez la méthode de déplacement de l'eau, sélectionnez et fusionnez sans banho-maria.

Cuire 15 minutes. Feito est donc, transfert pour un banho de agua gelada. Servez-les en potes de pedreiro.

Purée De Batata De Coco

Temps de préparation + cozimento : 45 minutes | Portions : 4

Ingrédients

1 ½ livre de patates douces Yukon, tranchées

4 onces de beurre

8 onces de lait de coco

Sal e pimenta branca a gosto

instructions

Préparez un bain maria et placez-le sous vide. Ajustez à 193 F. Placer comme batatas, leite de coco, manteiga et sale em um saco lacrado a vide. Libérez ou utilisez la méthode de déplacement de l'eau, sélectionnez et fusionnez sans banho. Cuire 30 minutes. Feito est donc, retire-toi du saquinho et escorte. Réservez les sucos da manteiga. Amasse as batatas até ficarem macias e transferra para a tigela da manteiga. Tempere com pimenta e sirva.

Repolho amanteigado tentador

Temps de préparation + cuisson : 4 heures 15 minutes | Portions : 1)

Ingrédients

1 tête de chou vert coupée en lanières
2 colheres de sopa de manteiga

instructions

Préparez un banho-maria et du coloke ou sous vide nele. Définir pour 183 F. Placer 1 colher de sopa de manteiga et le remettre dans un sac lacrado sous vide. Libérez ou utilisez la méthode de déplacement de l'eau, sélectionnez et fusionnez sans banho-maria. Cociné pendant 4 heures. Feito est donc, retire-toi ou reprends-le. Derreta a manteiga em uma frigideira em fugo médio et sele o porolho pendant 5-7 minutes jusqu'à ce qu'il soit doré.

Doces Daikon Rabanetes avec Alecrim

Temps de préparation + cozimento : 40 minutes | Portions : 4

Ingrédients

½ tasse de jus de citron vert

3 cuillères à soupe de sucre

1 colher d'Alecrim

1 rabanete daikon de tanamo grande, tranché

instructions

Préparez un banho-maria et du coloke ou sous vide nele. Ajuster à 182 F. Mélanger le jus de citron, le citron vert, le sel et le sucre. Placer le mélange et le daikon daikon dans un sac sous vide. Solte ou ar pelo método de deslocamento de agua, feche e merguhe o saco no banho-maria. Cuire 30 minutes. Dès que le minuteur s'appaire, retirez le sachet et transférez-le dans un bain d'eau glacée. Servez-les um prato.

Couve Chalota com

Temps de préparation + cuisson : 2 heures 15 minutes | Portions : 4

Ingrédients

1 ½ kilo de chou rouge, tranché

¼ tasse ils correspondent

2 échalotes fatiadas

3 dents de tous les fatigués

1 tasse de soupe de vinaigre balsamique de maçã

1 cuillère à soupe de soupe de manteiga

instructions

Préparez un bain maria et placez-le sous vide. Ajustez à 186 F. Placez ou remettez-le dans un sac lacrado sous vide. Ajout des ingrédients restants. Solte ou ar pelo método de deslocamento de agua, feche e merguhe o saco no banho-maria. Cozinhe por 2 heures. Lorsque le chronomètre apparaît, retirez les sacs et transférez-les pour servir. Tempère avec du sel et du vinaigre. Cubra com os sucos do cozimento.

Feijao misto em molho de tomate

Temps de préparation + cuisson : 3 heures 10 minutes | Portions : 4

Ingrédients

1 balance de feijão verte aparado
1 balance de feijão neve aparado
1 boîte (14 onces) d'esmagado inteiro de tomates
1 cebola em fatias finas
3 dents de tous les fatigués
3 tasses de soupe d'azéite

instructions

Préparez un bain maria et placez-le sous vide. Ajustez à 183 F. Placez les tomates, dans le jus et dans le vert, ou bien mettez-les dans un sac laqué sous vide. Libérez ou utilisez la méthode de déplacement de l'eau, sélectionnez et fusionnez sans banho-maria. Cozinhe por 3 heures. Feito est donc, transfert pour une tigela. Polvilhe avec azéite.

Chili Ensopado de Grão-de-bico

Temps de préparation + cuisson : 3 heures 10 minutes | Portions : 4

Ingrédients

1 tasse de grão-de-bico, trempé pendant la nuit

3 tasses d'eau

1 cuillère à soupe d'huile d'olive

sal a gosto

½ cuillère à café de cumin moulu

½ cuillère à café de coriandre moulue

¼ de colher de cha de canela em pó

1/8 colher de cha de crava moido

1/8 cuillère à café de poivre de Cayenne

picado à la coriandre fraîche

Molho Harissa, un gosto

instructions

Préparez un banho-maria et du coloke ou sous vide nele. Définir le paragraphe 192 F.

Placer la feijão dans un sac lacrado sous vide avec du cumin, du sel, de l'azéite, du cravo, de la canela, du centre et du piment de Cayena. Libérez ou utilisez la méthode de déplacement de l'eau, sélectionnez et fusionnez sans banho-maria. Cozinhe por 3 heures. Feito est donc, retire le sac et escorte le feijão. Descartes os sucos do cozimento. Tempérer avec sal. Junte o azeite eo molho de harissa e regue com o feijão. Décorez avec le centre.

Crème brûlée de fruits Frescas

Temps de préparation + cuisson : 65 minutes + 5 heures de temps de refroidissement | Portions : 6

Ingrédients

1 tasse d'amoras frescas

6 gemmes

1⅓ tasse de sucre + maïs pour polvilhar

3 tasses de crème de lait

râper les 2 oranges

4 c. de sopa de sumo de laranja

1 colher de cha de extrato de baunilha

instructions

Préparez un banho-maria et du coloke ou sous vide nele. Définir le paragraphe 196 F.

Pas de liquidateur, bata comme gemas eo açúcar até formar um creme. Deixou de lado

Versez un panneau dans le brouillard moyen et retirez la crème. Ajouter la raspe et le sumo de laranja et l'extrait de baunilha. Baissez le feu et laissez cuire 4 à 5 minutes. Mettez de l'amour dans vos pots de conservation, en appliquant une brume de crème d'œufs sur de l'amour. Feche com uma tampa e merguhe os frascos no banho-maria. Cuire 45 minutes.

Alors que le chronomètre parar, retirez vos potes et transférez-les à la regiadora et à leur frère pendant 5 heures. Prenez votre retraite à Tampa et polvilhe avec açúcar. Caraméliser ou açúcar com um maçarico.

pudim de baunilha

Temps de préparation + cuisson : 2 heures 32 minutes | Portions : 6

Ingrédients

1 tasse de fruits frais mélangés

4 fatias de chala, en cubes

6 gemmes

1⅛ tasse de sucre ultra fin

2 tasses de crème de lait

1 tasse de lait

2 colheres de chá de extrato de amêndoa

1 vagem de baunilha, cortada ao meio, sementes reservadas

instructions

Préparez un banho-maria et du coloke ou sous vide nele. Définir le paragraphe 172 F.

Pré-arroser le four à 350 F. Placer les cubes de pain dans une assiette et griller pendant 5 minutes. Deixou de lado. Avec une pâte, battez-les comme des pierres et açúcar até formar une crème.

Versez un panneau dans le brouillard moyen et retirez la crème de lait et de lait. Cozinhe a été ferver. Ajout d'un extrato de amêndoa, comme éléments de vagem de baunilha et vagem de baunilha. Baissez le feu et laissez cuire 4 à 5 minutes. Réservez et laissez refroidir 2 à 3 minutes.

Une fois que la brume de bain est tombée, retirez une petite quantité de crème dans la brume d'œufs et de brume. Répétez le processus avec chaque ovo.

Mélangez les cubes de pâte avec une brume de crème d'œufs et deixe ou la pâte absorbe le liquide. Ajout en tant que bagas et enveloppe bem. Divida a mistura em seis frascos de pedreiro. Feche com uma tampa e merguhe os frascos no banho-maria. Cozinhe por 2 heures.

Moka Mini Brownies dans un pot

Temps de préparation + cuisson : 3 heures 17 minutes | Portions : 10

Ingrédients

⅔ tasse de chocolat blanc haché

8 colheres de sopa de manteiga

⅔ tasse de sucre ultra fin

2 gemmes

1 oeuf

2 colheres de café solution em pó

1 cuillère à soupe d'extrait de noix de coco

1 tasse de soupe de liqueur de café

½ tasse de farine de blé

Blé aigre, par portion

instructions

Préparez un bain maria et placez-le sous vide. Ajustez pour 196 F. L'eau ou le chocolat est placé sur un panneau ou pas au micro-ondes. Dobre ou açúcar na mistura de manteiga de chocolate jusqu'à dissolution. Despeje comme gemas uma a uma e mexa bem. Ajouter l'ovo inteiro et continuer à mélanger. Despeje ou pó de café, o extrato de coco eo licor de café. Ajouter la farine et remuer jusqu'à ce qu'elle soit incorporée.

Ajoutez une brume de chocolat dans 10 mini pots de pâte. Je vais chercher un tampa et merguhe os potes em banho-maria, cozinhe por 3 horas. Alors que le chronomètre parar, retirez les potes et deixe esfriar por 1 minuto.

Crème De Banane Facile

Temps de préparation + cozimento : 60 minutes | Portions : 6

Ingrédients

3 bananes écrasées
12 gemmes
1 tasse de sucre ultra fin
3 tasses de crème de lait
1 colher de cha de extrato de baunilha
1 colher de cha de extrato de menthe

instructions

Préparez un banho-maria et du coloke ou sous vide nele. Définir le paragraphe 196 F.

Avec une batedeira, misture comme gemas eo açúcar. Battre pendant 1 à 2 minutes jusqu'à consistance crémeuse. Ajoutez de la crème dans un panneau dans du brouillard moyen et ajoutez du pain et de l'hortela. Cuire à feu doux pendant 3 à 4 minutes. Réservez et laissez refroidir 2 à 3 minutes.

Une fois la brume fraîche, retirez la brume de crème de la brume d'œufs et de mexa. Ajoutez les bananes amassadas et mélangez. Despeje a mistura em 6 mini frascos de pedreiro. Tamper et immerger dans le banho-maria, pendant 45 minutes. Alors que le chronomètre parar, retirez les potes et deixe esfriar pendant 5 minutes.

Cheesecake Doce De Leite

Temps de préparation + cuisson : 5 heures 55 minutes + 4 heures | Portions : 6

Ingrédients

2 tasses de mascarpone, à température ambiante

3 œufs

1 colher de cha de extrato de amêndoa

1 tasse de lait sucré

⅓ tasse de crème de lait

1 tasse de biscuits Graham

3 colheres de sopa de manteiga, derretida

½ colher de sel

instructions

Préparez un banho-maria et du coloke ou sous vide nele. Définir le paragraphe 175 F.

Avec une pâte, de la bouillie de mascarpone, les œufs sont amendés dans une tige qui est homogène. Versez 3/4 tasse de doce de leite et de mélange. Ajouter la crème de lait et mélanger jusqu'à ce qu'elle soit complètement incorporée. Deixou de lado.

Mélanger comme migalhas de biscoito Graham et manteiga derretida. Divisez la brume de migalhas dans vos mini pots de fleurs. Préparez une mistura de fromage à la crème sur des migalhas. Allez avec une tasse et fusionnez vos potes en banho-maria, pendant 1 heure et 30 minutes.

Alors que le chronomètre parar, retirez les potes et transférez-les au réfrigérateur et laissez-les frire pendant 4 heures. Cubra com o doce de leite restante. Décorez avec une brume de caramel salgado.

Mel e Damascos Cítricos

Temps de préparation + cozimento : 70 minutes | Portions : 4

Ingrédients

6 damas sem caroço et cortados em quartos
½ tasse de farine
2 cuillères à soupe d'eau
1 tasse de soupe de sumo de Lima
1 fava de baunilha cortada à meio
1 bâton de cannelle

instructions

Préparez un banho-maria et du coloke ou sous vide nele. Définir le paragraphe 179 F.

Placez tous les ingrédients dans un sac laqué sous vide. Solte ou ar pelo método de deslocamento de agua, feche e merguhe o saco no banho-maria. Cuire 45 minutes. Alors que le chronomètre parar, retirez le sac et descartes à la fava de baunilha eo pau de canela. Sers immédiatement.

Pots du Créme à l'Orange avec Chocolat

Temps de préparation + cuisson : 65 minutes + 5 heures | Portions : 6

Ingrédients

⅔ tasse de chocolat haché

6 gemmes

1⅓ tasse de sucre blanc fin

3 tasses meio à meio

1 colher de cha de extrato de baunilha

Râper 1 grosse orange

⅛ cuillère à café d'extrait d'orange

2 cuillères à soupe de sumo de laranja

2 colheres de sopa de licor de chocolat

instructions

Préparez un banho-maria et du coloke ou sous vide nele. Définir le paragraphe 196 F.

Avec une batedeira, misture comme gemas eo açúcar. Battre pendant 1 à 2 minutes jusqu'à consistance crémeuse. Ajoutez de la crème dans un panneau dans du brouillard moyen et ajoutez du pain, comme des raspas d'orange et de l'extra. Cuire à feu doux pendant 3 à 4 minutes. Réservez et laissez refroidir 2 à 3 minutes.

Derreta o chocolat pas de micro-ondes. Une fois la brume fraîche, retirez la brume de crème de la brume d'œufs et de mexa. Ajouter le chocolat fondu et remuer jusqu'à ce qu'il soit incorporé. Ajouter le jus d'orange et la liqueur de chocolat. Despeje a mistura de chocolate em frascos de pedreiro. Je vais chercher une tasse et fusionner mes potes en banho-maria, pendant 45 minutes. Alors que le chronomètre parar, retirez les potes et deixe esfriar pendant 5 minutes.

Limão-Salvia Damasco

Temps de préparation + cozimento : 70 minutes | Portions : 4

Ingrédients

½ tasse de farine

8 damas sem caroço et cortados em quartos

2 cuillères à soupe d'eau

1 tasse de soupe de sumo de citron vert

3 ramos de salvia fresca

1 raminho de salsa fraîche

instructions

Préparez un banho-maria et du coloke ou sous vide nele. Définissez par 179 F. Placez tous les ingrédients dans un sac lacrado sous vide. Solte ou ar pelo método de deslocamento de agua, feche e merguhe o saco no banho-maria. Cuire 45 minutes. Lorsque le chronomètre apparaît, retirez le sac et jetez-le comme fontes d'ervas.

Pudim de chocolat

Temps de préparation + cozimento : 55 minutes | Portions : 4

Ingrédients:

½ tasse de lait

1 tasse de pépites de chocolat

3 gemmes

½ tasse de crème de lait

4 colheres de cacau em pó

3 cuillères à soupe de sucre

Instructions:

Préparez un banho-maria et du coloke ou sous vide nele. Définir le paragraphe 185 F.

Battez-les ensemble avec l'açúcar, le lait et la crème de lait. Mélangez le cacao avec du chocolat. Répartissez le mélange dans 4 bouteilles. Feche et fusionner les frascos no banho-maria. Définissez une minuterie de 40 minutes. Assurez-vous que le chronomètre apparaisse, supprimez les frascos. Deixe esfriar antes de servir.

Torta de maçã

Temps de préparation + cuisson : 85 minutes | Portions : 8

Ingrédients:

1 balance de maçãs, descascadas e cortadas em cubos

6 onces de massa folhada

1 gemme d'oeuf, batida

4 cuillères à soupe de sucre

2 tasses de soupe de sumo de citron vert

1 colher d'amido de milho

1 cuillère à café de gingembre moulu

2 colheres de sopa de manteiga, derretida

¼ colher de cha de noz-moscada

¼ cuillère à café de cannelle

Instructions:

Pré-aqueça ou forno a 365 F. Abra a massa em um círculo. Pincele avec la manteiga et lève le forno. Cuire 15 minutes.

Préparez un bain maria et placez-le sous vide. Définissez pour 160 F. Mélangez tous les ingrédients restants dans un sac laqué sous vide. Libérez ou utilisez la méthode de déplacement de l'eau, sélectionnez et fusionnez dans le banho-maria. Cuire 45 minutes. Assurez-vous que le chronomètre apparaisse, retirez le sac. Cubra a massa de torta cozida com a mistura de maçã. Remettre au four et cuire encore 15 minutes.

Biscoitos au chocolat sans sucre

Temps de préparation + cuisson : 3 heures 45 minutes | Portions : 6

Ingrédients:

1/3 tasse de pépites de chocolat

7 cuillères à soupe de crème de lait

2 œufs

½ tasse de farinha

½ cuillère à café de bicarbonate de sodium

4 colheres de sopa de manteiga, derretida

¼ cuillère à café de sel

1 tasse de soupe de sumo de citron vert

Instructions:

Préparez un banho-maria et du coloke ou sous vide nele. Ajustez à 194 F. Battez les œufs avec la crème, le sucre de maison, le sel et le bicarbonate de soude. Junte a farinha ea manteiga. Dobre comme gotas de chocolat.

Répartissez la masse dans 6 ramequins. Embrulez-les avec du film plastique et collez les ramequins dans du banho-maria. Cuisson pendant 3 heures et 30 minutes. Quando o cronômetro parar, retirez les ramequins.

Sorvete de Baunilha

Temps de préparation + cuisson : 5 heures 10 minutes | Portions : 4

Ingrédients:

6 gemmes
½ tasse de sucre
1 ½ cuillerée d'extrait de vanille
2 tasses de meio à meio

Instructions:

Préparez un banho-maria et du coloke ou sous vide nele. Définissez pour 180 F. Battez tous les ingrédients dans un sac laqué sous vide. Solte ou ar pelo método de deslocamento de agua, feche e merguhe o saco em banho-maria. Ajustez le chronomètre pour 1 heure. Si le chronomètre apparaît, vérifiez qu'il n'y a rien de mal. Transférer une brume pour un destinataire à Tampa. Vivez au congélateur pendant 4 heures.

Pudim de café de manhía light com requeijão

Temps de préparation + cuisson : 3 heures 15 minutes | Portions : 3

Ingrédients:

1 tasse de fromage cottage
5 œufs
1 tasse de lait
3 cuillerées de crème de lait
4 cuillères à soupe de sucre
1 cuillère à café de cardamome
1 cuillère à café de zeste d'orange râpé
1 colher d'amido de milho
¼ cuillère à café de sel

Instructions:

Préparez un bain maria et placez-le sous vide. Ajustez à 175 F. Avec une pâte, batez les œufs et açúcar. Ajout comme raspas, o leite eo amido de milho. Ajout des ingrédients restants et bata bem.

Unte 3 potes de vidro com spray de cozinha e divida a mistura entre eux. Feche et merguhe os potes de pedreiro em banho-maria, cozinhe por 3 horas. Assurez-vous que le chronomètre apparaisse, supprimez les frascos. Deixe esfriar antes de servir.

Cupcakes au chocolat sous vide

Temps de préparation + cuisson : 3 heures 15 minutes | Portions : 6

Ingrédients:

5 colheres de sopa de manteiga, derretida
1 oeuf
3 colheres de cacau em pó
1 tasse de farinha
4 cuillères à soupe de sucre
½ tasse de crème de lait
1 cuillère à café de bicarbonate de soude
1 colher de cha de extrato de baunilha
1 cuillère à café de vinaigre de maçã
pitada de sal marinho

Instructions:

Préparez un banho-maria et du coloke ou sous vide nele. Ajuster pour 194 F. Mélanger les ingrédients molhados em uma tigela. Combinez les ingrédients secos em outra tigela. Combinez comme deux mélanges délicatement et divisez la masse entre 6 petits fruits. Feche os frascos e merguhe o saco em banho-maria. Ajustez le chronomètre pendant 3 heures. Assim que le cronômetro parar, retire le saquinho. Servir la glace.

Pudim de arroz avec rhum et canneberges

Temps de préparation + cuisson : 2 heures 15 minutes | Portions : 6

Ingrédients:

2 tasses de riz
3 tasses de lait
½ tasse de canneberges séchées trempées dans ½ tasse de rhum pendant la nuit et escorridas
1 cuillère à café de cannelle
½ tasse de mascavo sucré

Instructions:

Préparez un banho-maria et du coloke ou sous vide nele. Définir le paragraphe 140 F.

Mélangez tous les ingrédients dans une tige et transférez-les pour 6 petits pots. Feche-os et merguhe-os en banho-maria. Ajustez le chronomètre pendant 2 heures. Assurez-vous que le chronomètre apparaisse, supprimez les frascos. Servir le morno ou la glace.

Pudim de pão

Temps de préparation + cuisson : 2 heures 15 minutes | Portions : 8

Ingrédients:

1 tasse de lait
1 tasse de crème
10 onces de pain blanc
4 œufs
2 colheres de sopa de manteiga, derretida
1 cuillère à soupe de farinha
1 colher d'amido de milho
4 cuillères à soupe de sucre
1 colher de cha de extrato de baunilha
¼ cuillère à café de sel

Instructions:

Préparez un banho-maria et du coloke ou sous vide nele. Ajustez à 170 F. Piquez ou mettez des petits patchs et collez-les dans un sac laqué sous vide. Battez les œufs des joueurs avec les ingrédients restants. Despeje a mistura sobre o pão. Solte ou ar pelo método de deslocamento de agua, feche e merguhe o saco em banho-maria.

Ajustez le chronomètre pendant 2 heures. Assurez-vous que le chronomètre apparaisse, retirez le sac. Servir lentement.

Charbon de citron

Temps de préparation + cuisson : 75 minutes | Portions : 8

Ingrédients:

1 tasse de beurre

1 tasse de sucre

12 gemmes

5 citrons

Instructions:

Préparez un banho-maria et du coloke ou sous vide nele. Définir le paragraphe 168 F.

Rale comme raspas dos limões et colocé em uma tigela. Esprema ou suco et ajout à tigela également. Battez-les pour les aspirer et les transférer vers un sac laqué sous vide. Solte ou ar pelo método de deslocamento de agua, feche e merguhe o saco em banho-maria. Ajustez le chronomètre pour 1 heure.

Alors que le chronomètre parar, retirez le sac et transférez la charbon de bois cozida pour une tige et collez-la dans un bain de gel. Deixe esfriar completante.

Sobremesa com uma crosta de acucar queimado por um maçarico

Temps de préparation + cozimento : 45 minutes | Portions : 4

Ingrédients:

2 tasses de crème de lait
4 gemmes
¼ tasse) de sucre
1 colher de cha de extrato de baunilha

Instructions:

Préparez un banho-maria et du coloke ou sous vide nele. Définir pour 180 F. Mélanger tous les ingrédients et transférer pour 4 fruits rasos. Feche e merguhe no banho-maria. Cuire 30 minutes.

Assim que le chronomètre parar, retire les potes rasos et polvilhe un pouco de acucar por cima do brulee. Placer sob o frango até que fiquem caramelizados.

Muffins de Limao

Temps de préparation + cuisson : 3 heures 45 minutes | Portions : 6

Ingrédients:

2 œufs
1 tasse de farinha
4 cuillères à soupe de sucre
1 tasse de soupe de sumo de citron vert
1 cuillère à soupe de raspas de limeo
1/3 tasse de crème de lait
2 œufs
1 cuillère à café de bicarbonate de soude
½ tasse de beurre

Instructions:

Préparez un banho-maria et du coloke ou sous vide nele. Ajuster à 190 F. Battre les œufs et les abaisser jusqu'à ce qu'ils soient crémeux. Bata progressivement les ingrédients restants. Divisé en masse entre 6 frascos de pedreiro. Feche os frascos e merguhe o saco em banho-maria. Réglez la minuterie sur 3 heures et 30 minutes.

Assurez-vous que le chronomètre apparaisse, supprimez les frascos. Deixe esfriar antes de servir.

Mousse à la framboise

Temps de préparation + cuisson : 75 minutes | Portions : 6

Ingrédients:

1 tasse de framboises

1 tasse de lait

1 tasse de fromage cottage

2 colheres de amido de milho

½ tasse de sucre

1 cuillère à soupe de farinha

1 cuillère à café de gingembre moulu

1 colher de cacao en pó

pitada de sal marinho

Instructions:

Préparez un banho-maria et du coloke ou sous vide nele. Définir pour 170 F. Placer tous les ingrédients dans le liquide. Bata até ficar homogêneo et transfer para 6 potes pequenos. Feche os potes e merguhe o saquinho em banho-maria. Ajustez le chronomètre pour 1 heure. Assurez-vous que le chronomètre apparaisse, supprimez les frascos. Servir la glace.

Maçãs doces recheadas com passas

Temps de préparation + cuisson : 2 heures 15 minutes | Portions : 4

Ingrédients:

4 petites choses descascadas et sem caroço
1 ½ colher de passas
4 colheres de sopa de manteiga, amolecida
¼ colher de cha de noz-moscada
½ cuillère à café de cannelle
1 cuillerée de sucre

Instructions:

Préparez un banho-maria et du coloke ou sous vide nele. Définir le paragraphe 170 F.

Mélangez comme des passas, ou açúcar, une manteiga, une canela ea noz-moscada. Recheie as maçãs com a mistura de passas. Divisez les couches entre 2 prises sous vide ou selon la méthode de placement de l'eau, sélectionnez et fusionnez les prises dans un banho-maria. Ajustez le chronomètre pendant 2 heures.

Assurez-vous que le chronomètre apparaisse, supprimez les sacs. Servir lentement.

sapateiro de Apple

Temps de préparation + cuisson : 3 heures 50 minutes | Portions : 6

Ingrédients:

1 tasse de lait
2 maçãs verdes descascadas e cortadas em cubos
1 cuillère à café de beurre
7 colheres de farinha
4 cuillères à soupe de sucre mascavo
1 cuillère à café de cardamome moulue

Instructions:

Préparez un banho-maria et du coloke ou sous vide nele. Définir le paragraphe 190 F.

Bata a manteiga, o açúcar, o leite eo cardamomo. Mélangez une farinha à pocos. Dobre as maçãs e divida a mistura entre 6 petits pots. Feche os potes e merguhe o saquinho em banho-maria. Réglez la minuterie sur 3 heures et 30 minutes. Assurez-vous que le chronomètre apparaisse, retirez le sac. Servir lentement.

Mini pots de cheesecake de morango

Temps de préparation + cuisson : 90 minutes | Portions : 4

Ingrédients:

4 œufs
2 cuillères à soupe de lait
3 boules de gelée de fraise
½ tasse de sucre
½ tasse de fromage cottage crémeux
½ tasse de fromage cottage
1 cuillère à soupe de farinha
1 cuillère à café de zeste de citron

Instructions:

Préparez un banho-maria et du coloke ou sous vide nele. Définir le paragraphe 180 F.

Bata os queijos eo acucar jusqu'à ficar fofo. Bata os ovos um a um. Ajouter le reste des ingrédients et mélanger jusqu'à homogénéité. Répartir dans 4 pots. Feche os frascos e merguhe o saco em banho-maria. Réglez la minuterie sur 75 minutes. Assurez-vous que le chronomètre apparaisse, retirez le sac. Réfrigérer et Sirva.

Peras poachadas com vinho e canela

Temps de préparation + cozimento : 80 minutes | Portions : 4

Ingrédients:

4 poires, descascadas

2 pauses de canela

2 tasses de vinho tinto

1/3 tasse de sucre

anis 3 étoiles

Instructions:

Préparez un banho-maria et du coloke ou sous vide nele. Définir le paragraphe 175 F.

Mélangez le vin, l'anis, le sucre et la cannelle dans un grand sac sous vide. Coloque as peras dentro. Solte ou ar pelo método de deslocamento de agua, feche e merguhe o saco em banho-maria. Ajustez le chronomètre pour 1 heure. Assurez-vous que le chronomètre apparaisse, retirez le sac. Servir comme peras regue com o molho de vinho.

Farinha de Aveia de Coco e Amêndoa

Temps de préparation + cuisson : 12 heures 10 minutes | Portions : 4

Ingrédients:

2 tasses d'aveia

2 tasses de lait d'amande

3 colheres de coco ralado

3 tasses de sopa de amêndoa laminées

3 colheres de sopa de extrato de estévia

1 cuillère à soupe de soupe de manteiga

¼ cuillère à café d'anis moulu

pitada de sal marinho

Instructions:

Préparez un banho-maria et du coloke ou sous vide nele. Définissez pour 180 F. Mélangez tous les ingrédients dans un sac laqué sous vide.

Solte ou ar pelo método de deslocamento de agua, feche e merguhe o saco em banho-maria. Ajustez le chronomètre pour 12 heures. Assim que le chronomètre parar, retire le sac et divise en 4 tiges.

Mingau De Trigo Sarraceno De Banane

Temps de préparation + cuisson : 12 heures 15 minutes | Portions : 4

Ingrédients:

2 tasses de trigo sarrasin
1 banane, écrasée
½ tasse de lait concentré
1 cuillère à soupe de soupe de manteiga
1 colher de cha de extrato de baunilha
1 ½ tasse d'eau
¼ cuillère à café de sel

Instructions:

Préparez un banho-maria et du coloke ou sous vide nele. Définir le paragraphe 180 F.

Placez le trigo dans un sac laqué sous vide. Battez les ingrédients restants dans une tige. Despeje esta mistura sobre o trigo sarraceno. Solte ou ar pelo método de deslocamento de agua, feche e merguhe o saco em banho-maria. Ajustez le chronomètre pour 12 heures.

Assurez-vous que le chronomètre apparaisse, retirez le sac. Servir lentement.

Farinha de l'avenue basique du zéro

Temps de préparation + cuisson : 8 heures 10 minutes | Portions : 4

Ingrédients:

1 tasse d'Avéia
3 tasses d'eau
½ cuillerée de thé extrato de baunilha
pitada de sal marinho

Instructions:

Préparez un banho-maria et du coloke ou sous vide nele. Définir pour 155 F. Mélanger tous les ingrédients dans un sac lacrado sous vide. Solte ou ar pelo método de deslocamento de agua, feche e merguhe o saco em banho-maria. Ajustez le chronomètre pendant 8 heures.

Assurez-vous que le chronomètre apparaisse, retirez le sac. Servir lentement.

Petits bolos de queijo

Temps de préparation + cozimento : 45 minutes | Portions : 3

Ingrédients:

3 œufs

5 cuillerées de requeijão

½ tasse de fromage cottage crémeux

4 cuillères à soupe de sucre

½ cuillerée de thé extrato de baunilha

Instructions:

Préparez un banho-maria et du coloke ou sous vide nele. Définir le paragraphe 175 F.

Placez tous les ingrédients dans un réfrigérateur. Bata com un batedeira por quelques minutes, até ficar macio e homogêneo. Divisez le mélange entre 3 pots de fleurs., Feche os potes e merguhe o saco em banho-maria. Réglez la minuterie sur 25 minutes.

Assurez-vous que le chronomètre apparaisse, supprimez les frascos. Esfrie até estar pronto para servir.

Pão amanteigado de café

Temps de préparation + cuisson : 3 heures 15 minutes | Portions : 4

Ingrédients:

6 onces de pain blanc

¾ tasse de beurre

6 cuillères à café

½ cuillère à café de cannelle

1 cuillère à café de sucre mascavo

Instructions:

Préparez un banho-maria et du coloke ou sous vide nele. Définir le paragraphe 195 F.

Mettez le paquet dans les tirs et placez-le dans un sac mis sous vide. Battez les autres ingrédients dans une tige et regardez la brume sur le gâteau. Solte ou ar pelo método de deslocamento de agua, feche e merguhe o saco em banho-maria. Ajustez le chronomètre pendant 3 heures.

Assurez-vous que le chronomètre apparaisse, retirez le sac. Servir lentement.

Muffins De Cenoura

Temps de préparation + cuisson : 3 heures 15 minutes | Portions : 10)

Ingrédients:

1 tasse de farinha

3 œufs

½ tasse de beurre

¼ tasse de crème de lait

2 cénouras, raladas

1 cuillère à soupe de jus de citron vert

1 tasse de soupe de farinha de coco

¼ cuillère à café de sel

½ cuillère à café de bicarbonate de sodium

Instructions:

Préparez un banho-maria et du coloke ou sous vide nele. Définir le paragraphe 195 F.

Battez les ingrédients mélangés dans une tige et combinez les secondes à l'extérieur. Misture délicatement comme duas misturas. Divisez la brume entre 5 frascos de pedreiro (ne faites pas plus que la métade. Utilisez plus de frascos, si nécessaire). Feche os frascos e merguhe-os em banho-maria. Ajustez le chronomètre pendant 3 heures. Assurez-vous que le chronomètre apparaisse, supprimez les frascos. Cours à moi et à mon cher.

cerejas au rhum

Temps de préparation + cozimento : 45 minutes | Portions : 6

Ingrédients:

3 tasses de cerises sem caroço

¼ tasse) de sucre

1 tasse de rhum

2 cuillères à soupe de thé composé de cerises

1 colher d'agar

1 cuillère à café de zeste de citron

Instructions:

Placez tous les ingrédients dans un sac laqué sous vide. Agite para combinar bem. Préparez un préchauffage de l'eau à 142 F. Répartissez dans 6 tasses de service.

Yaourt de Pêssego et Amêndoa

Temps de préparation + cuisson : 11 heures 20 minutes | Portions : 4

Ingrédients:

2 tasses de lait entier
4 fois les modifications apportées
2 cuillères à soupe de yaourt
¼ tasse de pêssegos descascados amassados
¼ tasse de sucre vanillé
1 cuillère à soupe de farine

Instructions:

Préparez un banho-maria et du coloke ou sous vide nele. Définissez pour 110 F. Eau ou leite em uma panela até que a temperatura atinja 142 F. Deixe cozinar a 110 F.

Mélange de yaourt, de farine, de pêssegos et d'açúcar. Répartissez le mélange dans 4 bouteilles. Feche os frascos e merguhe-os em banho-maria. Cozinhe pendant 11 heures. Assurez-vous que le chronomètre apparaisse, supprimez les frascos. Junte as amêndoas e sirva.

Tarte De Amêndoa Nectarina

Temps de préparation + cuisson : 3 heures 20 minutes | Portions : 6

Ingrédients

3 tasses de nectarines, pelées et coupées en cubes
8 colheres de sopa de manteiga
1 tasse de sucre
1 colher de cha de extrato de baunilha
1 colher de cha de extrato de amêndoa
1 tasse de lait
1 tasse de farinha

instructions

Préparez un banho-maria et du coloke ou sous vide nele. Définir le paragraphe 194 F. Unte pequenos frascos com spray de cozinha. Ensemble comme nectarines entre les fruits.

Dans une tige, la misture ou l'açúcar ea manteiga. Ajout de l'extrato de amêndoa, du leite intégral et de l'extrato de baunilha, misture bem. Mélangez la farinha avec le fermento et mélangez jusqu'à ce qu'elle soit solide. Coloque a massa nos potes. Feche et fusionner les frascos no banho-maria. Cuire 180 minutes. Assurez-vous que le chronomètre apparaisse, supprimez les frascos. Sert.

Pudim de Arroz avec des modifications au style asiatique

Temps de préparation + cuisson : 7 heures 30 minutes | Portions : 5

Ingrédients

5 cuillères à soupe de riz basmati
2 (14 onces) de lait de coco
3 cuillères à soupe de sucre
5 vagens de cardamome, esmagadas
3 colheres de sopa de castanha de caju picada
Amêndoas laminé pour la décoration

instructions

Préparez un banho-maria et du coloke ou sous vide nele. Définir le paragraphe 182 F.

Dans une casserole, mélangez le lait de coco, le sucre et 1 tasse d'eau. Despeje o arroz e misture bem. Répartissez le mélange entre nos bouteilles. Ajoutez une gousse de cardamome dans chaque pot. Feche e mergue no banho. Cozinhe por 3 heures. Assurez-vous que le chronomètre apparaisse, supprimez les frascos. Je vais l'écouter pendant 4 heures. Sirva et cubra avec des castanhas de caju et des amêndoas.

www.ingramcontent.com/pod-product-compliance
Lightning Source LLC
Chambersburg PA
CBHW071826110526
44591CB00011B/1236